매일 사랑하기로

결심하는 부부

2015년 3월 10일 교회 인가
2015년 5월 21일 초판 1쇄 펴냄
2019년 5월 30일 초판 2쇄 펴냄

지은이 · 유수인
펴낸이 · 염수정
펴낸곳 · 가톨릭출판사
편집 겸 인쇄인 · 김대영
편집 · 허유현, 오현영, 김소정
디자인 · 정해인

본사 · 서울특별시 중구 중림로 27
지사 · 경기도 고양시 일산동구 노첨길 65
등록 · 1958. 1. 16. 제2-314호
전자우편 · edit@catholicbook.kr
전화 · 1544-1886(대) / (02)6365-1888(물류지원국)
지로번호 · 3000997

ISBN 978-89-321-1405-7 03230

값 12,000원

© 유수인, 2015

가톨릭출판사 인터넷쇼핑몰 http://www.catholicbook.kr
직영 매장: 명동대성당 (02)776-3601, (070)8865-1886/ FAX (02)776-3602
　　　　　가톨릭회관 (02)777-2521, (070)8810-1886/ FAX (02)6499-1906
　　　　　서초동성당 (02)313-1886/ FAX (02)585-5883
　　　　　서울성모병원 (02)534-1886/ FAX (02)392-9252
　　　　　절두산순교성지 (02)3141-1886/ FAX (02)335-0213
　　　　　부천성모병원 (032)343-1886
　　　　　은평성모병원 (02)363-9119
　　　　　미주지사 (323)734-3383/ FAX (323)734-3380

가톨릭의 모든 도서와 성물을 '가톨릭출판사 인터넷쇼핑몰'에서 만나 보실 수 있습니다.

이 도서의 국립중앙도서관 출판예정도서목록(CIP)은 서지정보유통지원시스템 홈페이지(http://seoji.nl.go.kr)와
국가자료공동목록시스템(http://www.nl.go.kr/kolisnet)에서 이용하실 수 있습니다.(CIP제어번호: CIP2015010327)

가톨릭기도서 © 한국천주교중앙협의회

저작권법에 의해 보호를 받는 저작물이므로 무단전재와 무단복제를 금합니다.

우리 부부, 오늘도 연애 중!

매일 사랑하기로
결심하는 부부

유수인 글

행복한 성가정을 꿈꾸는
당신에게 드리는 팁

가톨릭출판사

❤ 부부의 기도

○ 인자하신 하느님 아버지,
　혼인성사로 저희를 맺어 주시고
　보살펴 주시니 감사하나이다.
● 이제 저희가 혼인 서약을 되새기며 청하오니
　저희 부부가 그 서약을 따라
　즐거울 때나 괴로울 때나, 잘 살 때나 못 살 때나
　성할 때나 아플 때나
　서로 사랑하고 존경하며 신의를 지키게 하소서.
○ 또 청하오니
　언제나 주님을 찬미하는 저희 부부의 삶이
　주님의 사랑을 드러내는 성사가 되게 하소서.
　우리 주 그리스도를 통하여 비나이다.
◎ 아멘.

추천의 말 1

행복을 찾아가는 부부의 이야기

　결혼을 못하는 천주교 신부에게 커피 향서림 그윽한 가족 이야기의 추천사를 써 달라는 부탁은 참 난감했다. 그저 이론만 빠삭할 뿐 실기는 한없이 약한 내 허점이 드러날 것만 같아 두려웠기 때문이다. 하지만 이 부부를 약혼자주말의 중요 자리에 앉혀 놨으니 울며 겨자 먹기로 추천사를 거절하지 못하였다.

이 책의 첫 장을 의무감으로 펼쳐 보았다. 어느새 이야기는 술술 읽히고 입가에 미소를 머금게 하며 진한 여운과 함께 왠지 모를 질투를 느끼게 한다.

"참 사랑스러운 가족이다! 나도 이런 가정을……."

역시 이론에만 머물러야 하겠다.

이 책은 서울대교구 약혼자주말 공동체에게 참 의미가 깊다. "결혼식은 하루, 결혼은 평생"을 모토로 시작된 약혼자주말은 결혼을 약속한 커플들이 결혼 후 부부 관계 성장을 위해 2박 3일간 대화하고 교감하며 혼인 생활을 준비하는 프로그램이다. 1997년 첫 주말을 시작으로 현재까지 3천 쌍이 넘는 약혼 커플들이 수강하였다. 개인적으로 약혼자주말이 이상적인 결혼 전 교육이라고 생각하지만, 주말을 수강한 부부들이 결혼 후 어떻게 좌충우돌하는지 참 궁금했다. 그러던 차에 부부가 의지로 더욱 사랑하려 노력하고, 자녀의 마음을 보듬으며 함께 성장하고, 가족 모두 같은 꿈과 가치를 향해 걸어가는 모습을 담은 이 책이 반갑기만 하다. 꼭 약혼자주말 이후에 부부와 가족의 삶에 좋은 이정표를 보여 주는 것 같아 흐뭇하다.

이 책은 도전적인 부부의 이야기다. 부부는 흔히 배우자와의 평화를 깨뜨리기 싫어 동의하지 않는 일도 억지로 맞출 때가 있다. 당장은 싸움이 일어나지 않아 평화롭지만 이 평화에 맛들이면 부부 관계의 끈은 느슨해진다. 부부가 서로에게 이해받지 못한다는 불만은 관계의 벽이 되어 서로에게 무관심하게 만들기 때문이다. 건강한 부부는 솔직한 내면을 표현하여 도전하고 또 배우자에게서 기꺼이 도전받아야 한다. 이 도전에 마주 설 때 부부는 관계를 느슨하게 만드는 벽을 부수고 서로에게 마음의 속살을 내비칠 수 있다.

부부와 아이가 자신의 의견을 굽히지 않고 욕구를 직접적으로 표현하는 이 책은 솔직 발랄한 이야기다.

하지만 가족을 있는 그대로 받아 주고 마음을 보듬으며 일치의 사랑을 나누는 알콩달콩한 이야기이기도 하다.

또 이 책이 일깨워 주는 것 하나는 부부의 '성장'이다. 우리는 매일 성장하도록 하느님의 부르심을 받았다. 하지만 많은 경우 세상 탓, 네 탓 하며 내면의 시선을 나로 향하기보다는 밖으로 향한다. 나의 내면을 직면하지 못하기에 문제의 원인이 나인데도, 상대로 오인하고 상대를 비난한다.

영국의 시인 바이런은 결혼 후에 이런 말을 남겼다.

"굉장한 적을 만났다. 아내다. 너 같은 적은 생전 처음이다."

배우자가 적으로 느껴지는 것은 나와 달라도 너무 다른 배우자가 나의 영역을 침범했기 때문이다. 하지만 부부는 서로의 인생에 동반자(同伴者)가 되어, 같은 곳을 바라보며 함께 발을 맞추어 가는 존재다.

성격이 다른 남녀가 30년 넘게 다른 가정 환경에서 자라 결혼했다. 아무리 깊게 사랑을 하고 결혼을 해도 '다름'은 언제나 숙제처럼 부부에게 남아 있다. 이 '다름'을 '침범'으로 받아들이면 배우자는 평생 불편한 적이 될 것이고, '보완'으로 받아들이면 배우자는 평생 고마운 배필(配匹)이 될 것이다.

그런 의미에서 이 책은 자신의 상처를 여과 없이 공개하는 배필의 이야기다. 부모에게 받지 못한 사랑의 갈증, 우울의 중압감, 새로운 가족의 부담감 등의 깨어진 내면을 배우자의 관심과 사랑으로 이어 붙이며 회복하는 치유의 이야기며, 매일의 삶을 대화하고 소통하고 가족이 함께 구체적인 꿈을 설계하며 행복을 찾아가는 성장의 이야기다.

서울대교구 가정사목부 담당 사제

박수환 치릴로 신부

추천의 말 2

노력하는 모습이 아름다운 부부

열심히 공부하고 노력하는 부부, 성숙하고 지혜로운 부부를 책으로 만나 기뻤다. 나의 신혼 시절을 떠올려 봐도 준비가 참 잘된 부부라는 생각이 들었다.

결혼 생활 34년을 맞는, '가족'을 연구하는 나도 처음 접하는 생생한 경험담은 많은 부부들에게 실질적인 도움이 되리라 믿는다. 딱딱한 이론서가 아닌 쉽게 술술 읽히는 자신만의 진솔한 경험담이기에 울림이 더 크게 다가온다.

이 부부는 서로의 방식이 달라 갈등을 겪고 싸우기도 한다. 특히 저자는 부족한 잠, 불규칙한 식사, 그리고 혼자만의 시간을 도저히 낼 수 없는 육아 부담 때문에 우울증을 겪기도 했다. 하지만 끊임없는 자기 성찰과 전문가와의 상담을 통해 과거에 매달려서 오늘을 희생하는 자신의 모습을 돌아봄으로써, 현재에 충실하면서 현재를 즐기자고 결심할 수 있었다. 그런 뒤 '행복'을 선택해 차근차근 이루어 나가려는 모습은 내가 전국을 돌면서 지난 십수년간 강조한 부분이기도 해서 더욱 가슴에 와 닿았다.

결혼식 준비에 지나치게 매달리지 않고 부부로서 어떤 삶을 살지 더 고민하는 모습, 평생에 한 번밖에 없는 신혼여행이라며 그저 분주하게 일정에 쫓겨 다니지 않고, 서로의 속도에 맞춰 서로가 하고 싶은 대로 여유 있게 즐기는 신혼여행은 많은 커플들에게 권하고 싶다. 나중에는 오히려 돈 들여서 버리게 되는 '예쁜 쓰레기'를 사는 데 돈을 낭비하지 않고 두 사람의 성장을 위한 일에 투자하는 모습은 참으로 멋졌다. 남편의 권위를 세워 주어야겠다는 깨달음을 얻은 뒤, 아이 앞에서 남편에게 배꼽 인사를 하며 모범을 보이는 장면도 인상적이었다.

무엇보다 엄마와 아기가 출산의 주인공이 되기 위해 조산원을 택한 용기가 놀라웠다. 산부인과가 더 나은지 조산원이 더 나은지는 부부마다 생각이 다를 것이다. 하지만 아이를 어디서 낳을까를 결정하기 위해 부부가 고민하고 상의하면서 소신대로 밀고 나간 당당함에 큰 박수를 보낸다.

또한 저자가 자신만의 꿈뿐만이 아니라 부부의 꿈과 가족의 꿈을 실현시키기 위해 일일 목표, 주간 목표, 월간 목표를 세우고 구체적이고 현실적인 방법으로 실천

해 나가는 모습에 믿음이 간다.

'그녀의 행복을 찾아 준 남자, 그의 상처를 품어 준 여자', 두 사람이 앞으로 가꾸어 나갈 자식 농사의 미래가 기대된다. 행복한 부모가 행복한 아이들을 만들어 내기 때문이다.

5년 후, 혹은 10년이나 20년 후, 저자가 펼쳐 낼 가서전(家敍傳)에는 또 어떤 이야기들이 담겨 있을까?

가정경영연구소

강학중 아우구스티노 소장

프롤로그

나를 돌아보면 내가 보인다

사람은 쉽게 변하지 않는다. 나는 연애할 때조차 우울했다. 원인을 알 수 없는 감정에 휩싸여 사람을 피하고 방에만 틀어박혀 있는 것은 사랑에 빠졌을 때도 변함없었다.

당시 남자 친구였던 지금의 남편은 나의 우울을 모른 척하거나 피하는 대신 내가 문제를 정면으로 마주

하도록 적극적으로 도와주었다. 그리고 내 감정의 원인을 파헤치지 못하면 평생 이 우울에서 벗어날 수 없을 것이라고 단언했다. 그렇게 그의 지지와 도움으로 행복을 찾아가는 오랜 여행이 시작되었다.

여행은 '나'라는 사람을 단호하게 파헤쳐 보는 것으로 시작되었다. 우선 어린 시절부터 돌아보았다. 특히 떠올리기 싫은 기억들을 피하지 않고 계속 생각하며 다양한 각도로 해석해 보았다. 그럼에도 해답을 찾을 수 없을 때면 여러 분야의 책을 읽어 돌파구를 찾아보려 했다. 때로는 남편과 마주 앉아 몇 시간이고 대화를 나눴다. 또한 각종 심리 검사를 받거나 상언을 찾아 들었다. 그렇게 5년 정도 한 우물을 판 끝에 결론을 얻을 수 있었다. 나는 부모님의 인정과 사랑에 목마른 아이였던 것이다.

오랜 시간 치열하게 나를 돌아보자 내가 보였다. 이러한 지난한 과정이 나에게는 놀라운 경험이자 새로운 발견이었다. 나를 돌아보는 시간을 통해 결국 진짜 '나'를 찾을 수 있다는 사실에 우리는 놀랐고 흥분했다. 그리고 이런 깊은 사색과 연구를 통해 나뿐만 아니라 우리의 관계도 얼마든지 긍정적으로 변할 수 있다는 것을 깨달았다. 내친 김에 우리는 좀 더 건강한 연인 관계를 위해 공부했다. 시작은 어렵지 않았다. 먼저 대화법에 관한 책을 샀다. 각자 인상적인 구절에 밑줄을 긋고 책 구석구석에 서로 생각을 적어 바꿔 읽었다.

이러한 여러 과정을 통해 나 자신을 알고 사랑하게 되자 세상과 사람도 다르게 다가왔다. 부모님과의 관계가 자연스레 좋아졌고, 연인으로서 남자 친구에 대한 신뢰도 쌓여 갔다. 그리고 남자 친구는 나의 남편이 되었다.

이렇게 잘 통하는 남편과는 무엇이든 할 수 있을 거라고 자신했지만 연애와 결혼은 달랐다. 결혼하고 나니 내게는 '마땅히' 해야 할 역할들이 많아졌다. 아무리 힘들어도 뭐든지 내가 직접 해내야 한다는 부담감과 중압감에 숨이 턱턱 막혔다. 더구나 언제나 내 편이고 나를 위로해 주던 남편은 정작 결혼하고 나서는 온통 회사 생각뿐이었다. 남편과 중요하게 상의할 일이 있어도 서로 바빠서 전화로 겨우 약속을 잡아야 할 정도가 되자 나는 결혼 생활에 환멸을 느꼈다.

나만 그런가 싶어 주위를 둘러보았다. 그런데 다른 부부들도 나의 상황과 별반 차이가 없었다. 금슬이 좋아 보이는 부부도 툭 건드리면 곧 고민거리가 쏟아졌다. 평생을 다른 환경에서 살아오면서 어쩔 수 없이 생겨나는 가치관의 차이, 시댁이나 친정 식구들과 쌓이는 갈등, 육아와 집안일에 대한 역할 분담 등이 부부 문제의 주된 이유였다.

그렇게 삐걱대는 결혼 생활이 3개월쯤 지나자, 이제 나는 이혼하는 부부들의 심정마저도 조금 이해되기 시작했다. 드디어 우리 부부 관계에도 위기가 시작된 것이다. 사랑하는 사람과 부부가 되었다는 기쁨보다 결혼으로 새롭게 맡은 역할에 나를 끼워 맞추는 고통이 더욱더 컸다. 이대로는 도저히 결혼 생활을 지속할 수 없을 것 같았다.

행복하게 사는 부부는 없을까?

내가 진심으로 바라는 이상적인 부부의 모습은 어떤 것인지 곰곰이 생각해 보았다. 각자 좋아하는 일을 하고 가족의 꿈과 가치관을 소중히 여기며 탈렌트를 이웃과 나누는 삶, 그것이 바로 우리 부부가 살아가는 모습이길 바랐다.

우리는 일터의 동료나 봉사 단체에서 함께 활동하는 사람들 가운데 본보기가 될 만한 부부를 찾아보았다. 그러면 우리 문제는 간단하게 풀릴 것만 같았다. 그러나 기대와는 달리 그런 부부를 찾기란 무척 어려웠다. 결국 여러 커플의 장점 중에서 닮고 싶은 부분만 취사선택할 수밖에 없었다.

한편으로는 전문가가 말하는 행복한 결혼 생활의 비결이 무엇인지 찾아 나섰다. 연애 때처럼 줄을 쳐 가면서 함께 책을 읽고 워크숍에도 참석하며 새 학기를 시작하는 학생처럼 기초를 다졌다.

물론 그것들을 우리 부부에게 적용해 습관으로 만들기까지 여러 번의 실패를 경험해야 했다. 나는 책에 소개된 이론대로만 행동하는 남편에게 거부감이 들었고, 남편은 즉흥적이고 고집이 센 나를 이해하기 힘들어했다. 그러나 우리는 서로 길들여져야 했다. 함께 이룰 꿈을 위해 그 방식을 정하는 것도 부부가 함께 해야 할 일이었다.

이 책은 행복해지기로 결심한 우리 부부의 이야기다. 그와 동시에 우울하다는 말을 매일 입에 달고 살았던 내가 행복을 선택하기까지 전 과정을 담은 성장 일기다.

나는 우리 부부가 행복한 결혼 생활을 위해 결혼 전

부터 지금까지 배우고 익힌 것을 이 책에 모두 담으려고 노력했다. 그래서 해결되지 않은 과거와 현재의 문제에 갇힌 사람들, 결혼을 준비하는 커플, 한 집에 살면서 적응 중인 신혼부부, 임신·출산·육아를 준비하는 모든 부모에게 이 책이 길잡이가 되었으면 한다.

이 책의 내용 중 일부는 '함께성장연구원'에서 활동하며 기고했던 칼럼에서 발췌했고, 짧은 글로는 다 담지 못한 이야기를 추가했다. 그동안 칼럼에 공감하고 응원해 준 사람들의 메시지를 볼 때마다 힘이 났다. 그중에서도 특히 한 청년이 보내 온 편지가 기억에 남는다. 일만 하는 어머니가 서운했는데 칼럼을 통해 어머니의 심정을 조금이나마 이해할 수 있게 되었다는 내용의 편지였다. 이 지면을 빌려 매주 칼럼을 기다려 주고 기꺼이 읽어 준 독자들에게 감사 인사를 전한다.

마지막으로 아낌없이 응원하며 글 쓸 시간과 이야깃거리를 제공해 준 남편과 아들 지훈이, 사랑한다고 말씀해 주시는 부모님, 우리 가족의 이야기가 세상에 나올 수 있도록 이끌어 주신 정예서 선생님께 감사의 마음을 전한다.

2015년 봄

유수인 데레사

차례

추천의 말 1   행복을 찾아가는 부부의 이야기   5

추천의 말 2   노력하는 모습이 아름다운 부부   10

프롤로그   나를 돌아보면 내가 보인다   14

Part 1

그를 만나며 나를 만나다

마음의 문을 열다	27
그녀의 행복을 찾아 준 남자	38
그의 상처를 품어 준 여자	49
성공보다 소중한 것	57
약혼자주말, 그 특별한 결혼 준비	65

 **부부, 사랑을 결심하다**

사랑의 언어	77
또 하나의 대화법, 성	82
이상과 현실을 조율하며 일치 이루기	87
부부 싸움의 규칙	94
세계가 무대, 집은 베이스캠프	103
따로 또 같이	111

 **청지기, 아이를 키우다**

자연스럽고 편안한 아이 마중	123
아이와 함께 자라는 엄마	135
마음을 읽는 감정 코칭	148
아이의 비밀	159
권위 있는 부모 되기	168
아이가 나의 이런 모습을 기억해 주었으면	177

Part 4

나만의 행복을 찾다

엄마 되기	191
나는 행복을 선택한다	202
마음 공부	212
치유의 글쓰기	223
서른여덟, 진짜 꿈을 꾸다	229

Part 5

가족, 꿈과 가치를 공유하다

함께 꿈꾸기 위한 시작	239
꿈과 꿈이 만나다	248
꿈을 향한 우리 가족의 발자취	259
꿈꾸는 부부들에게	272

에필로그 사도로 파견되어   277

부록   281

Part 1

그를 만나며
나를 만나다

마음의 문을 열다

내가 어디서 태어났고
어디서 어떻게 살아왔는지는 중요하지 않다.
내가 살아오는 동안 무엇을 했느냐에 관심을 두어야 한다.

조지아 오키프

나는 일하는 엄마다. 아침마다 내가 골라 놓은 옷을 입지 않겠다며 떼쓰는 여섯 살짜리 아들을 달래랴 출근을 준비하랴 바쁜 엄마다. 아이 옷 색깔을 위아래로 맞춰 입혀 놓고 흐뭇해하는 나와 달리, 아이는 이른 시간에 자신의 단잠을 깨운 엄마에게 짜증을 내곤 한다. 얼러도 보고 호통도 쳐 보지만 지난밤 아빠와 레슬링을 하다 늦게 잠든 아이는 모든 게 그냥 불만투성이다.

아이는 대체로 내 계획대로 움직이지 않는다. 일부러 훼방을 놓으려고 작정한 듯 행동해서 내 속을 뒤집어 놓는다. 어떤 날은 집에 없는 과일이나 빵이 먹고 싶다고 떼쓰는가 하면, 일찍 일어난 날에는 집에서 놀고 어린이집에 늦게 가겠다며 속을 태운다. 때마침 어린이집에서 소방 훈련을 받거나 요리라도 하는 날에는 그나마 다행이다. 아이가 어린이집에 빨리 가고 싶어 하기 때문이다. 하지만 그런 특별한 사정도 없는 평범한 날에는 우는 아이를 어쩔 수 없이 들쳐 메고 현관문을 나설 수밖에 없다.

양손에는 짐을 한가득 들고 칭얼대는 아이를 안은 채 집을 나서면 힘만 드는 게 아니다. 잠이 덜 깨 울먹이는 아이를 억지로라도 떼 놓고 일해야 할 만큼 가정 형편이 어려워 보이지는 않을까 걱정스럽기도 하다. 게다가 아이의 정서 발달은 안중에도 없고 자기 욕심

채우기 위해 일하는 매정한 엄마로 비칠 것만 같아서 두렵기도 하다.

아이가 세 살 무렵에 우려가 현실이 된 적이 있었다. 그날도 자는 아이를 안고 엘리베이터에 탔는데, 동네 아주머니가 아이를 빤히 쳐다보더니 대뜸 물었다. 이렇게 어린아이가 새벽부터 어디를 가냐고. 아니 물음이라기보다는 걱정 섞인 비난에 가까웠다. 아이를 애처롭게 쳐다보는데, 순간 내가 떳떳하지 못한 엄마가 된 것 같았다.

그런 시선이 부담스러워서 한동안 그분과 마주칠까 봐 평소보다 훨씬 일찍 출근하기도 했다. 사회의 일원으로서 경제 활동을 하는 것뿐인데, 아이에게 소홀한 엄마로 비치는 게 달갑지 않았다. 어린아이가 안쓰러워 한 말일 텐데, 당시에는 아이에게 미안한 만큼 그 아주머니가 야속했다.

어린이집 앞에 도착하면 그날 해야 하는 일을 대부

분 끝낸 듯 마음 한편이 홀가분해진다. 아이에게는 즐겁게 놀고 있으면 저녁에 데리러 오겠다는 말을 빠트리지 않는다. 그리고 선생님께 미소 띤 얼굴로 인사한 후 일터로 향한다.

드디어 회사에 도착한다. 가방을 사무실 책상에 올려놓고 의자에 털썩 주저앉는다. 그때 아침 일찍 출근해 여유롭게 일하는 옆자리 동료가 눈에 들어온다. 어린이집에 맡길 아이가 없는 그를 잠시 부러워해 본다.

나는 언제쯤 우아하게 출근할 수 있을까. 그런 날이 오기는 할까.

대학 입학을 앞둔 2월의 마지막 일요일, 이제 대학생이 되었으니 그동안 소홀했던 성당에 다시 나가 볼까 하던 참이었다. 내 생각을 읽으셨는지 미사에 다녀오신 어머니가 청년 성가대에서 반주자를 모집한다는 소식을 알려 주셨다. 겉으로는 공부를 핑계로 성당에 나가지 않았지만 실은 새로 이사한 동네에서 낯선 이들을 만나는 게 두려웠다. 그런데 그날은 무엇에 이끌리듯 제시간에 성당에 갔고 미사가 끝나자마자 성가대를 찾아갔다. 그날부터 청년 성가대 반주자가 되었다. 그리고 그날 인생의 동반자가 될 그를 처음 만났다. 그는 날씬한 몸매에 눈웃음을 짓는 활달한 성격의 남자였다.

대학 생활을 시작한 첫해, 나는 성에 차지 않는 대학에 다니느라 의기소침해 있었다. 고등학교 시절 무엇이 될지도 모른 채 이과를 선택했고, 수업량이 늘어갈수록 스스로 공부할 시간이 줄어들자 망망대해를 나 홀로 표류하는 듯했다. 결국 부끄럽게도 부모님의 뜻대로 대학 입학 원서를 썼고 그중 한 곳에서 합격 통지서를 받았다. 타고난 강점과 약점을 파악할 새도 없이, 좋아하고 잘하는 것에 대한 고민도 없이, 내 인생의 주도권을 선생님과 부모님에게 넘겨 준 격이었다.

꿈이 없으니 하고 싶은 게 없었고, 하고 싶은 게 없

으니 무엇을 해야 할지도 몰랐다. 한창 꿈꿀 나이에 어떤 것이 중요한지 조언해 주거나 함께 고민해 주는 사람도 곁에 없었다.

대학생이 되어서도 변한 건 없었다. 나는 여전히 내 삶의 주인공이 아니었다. 방향도 목적도 없었고, 갑자기 얻은 자유를 제대로 누리지도 못했다. 아무리 움켜쥐어도 손가락 사이로 빠져나가는 모래알처럼 시간은 그냥 그렇게 흘러갔다.

다만 유일하게 열심히 한 것이 있었는데 바로 학교 도서관에 자주 간 것이었다. 방학 때도 학교 도서관에 들러 좋은 책들을 많이 만났다. 당시에 나는 한 작가의 책을 연달아 본다거나 같은 주제의 책을 찾아서 작가들의 관점을 비교하며 읽었다. 또한 한 계절에는 고전만 읽고 다른 계절에는 대화법에 관련된 책을 읽는 식으로 나만의 독서법을 즐겼다.

그중 스티븐 코비의 《소중한 것을 먼저 하라》라는

책을 읽은 후 삶을 바라보는 패러다임이 바뀌었다. 그 전까지는 뭐든지 신속하게 처리하기 위해 효율을 중요시했다. 그런데 우선순위 없이 급한 일들만 먼저 처리하다가는 소중한 것들을 영영 놓치며 살게 된다는 것을 깨닫게 되었다. 그동안 방향성 없이 인생을 살아왔다는 반성이 일었다. 그때부터 내 인생에서 가장 소중한 일, 즉 소명을 찾으려고 노력했다. 하지만 사명서를 작성하고 장기 계획을 세워 일상에서 실천하기까지는 많은 시간이 필요했고 또 쉽지 않은 일이었다.

내 뜻대로 선택한 건 아니었지만 다행히 전공 수업은 재미있었다. 어렵고 복잡한 문제를 쉽고 깔끔히게 해결하는 교과 과정이 즐거웠다. 이렇게 대학 생활에는 점차 적응해 나갔지만 사람들과 관계 맺기는 여전히 자신이 없었다. 친구나 가족에게 감정을 표현하고 생각을 말했을 때 지지받지 못하는 경험이 반복되면서 자존감이 떨어졌다. 그래서 점점 움츠러들고 사람과의 만남을 꺼리게 되었다. 결국 누군가에게 도움을 청하거나 힘든 상태를 벗어나기 위한 노력도 할 수 없는 무기력한 상태가 되고 말았다.

하지만 이상하게도 성가대에서 만난 그 앞에서는 나의 이야기를 다 털어놓을 수 있었다. 누구에게도 말할 수 없었던 속마음이 끊임없이 흘러나왔다. 그는 내 모습 그대로 나를 이해해 주고 공감해 주었다. 내 말에 귀 기울여 주는 그가 점점 더 좋아졌다. 그에게 하고픈 말이 얼마나 많았는지 한번은 편지를 일곱 장이나 쓴 적이 있었다. 나중에 그에게 물어보니 연애 편지인 줄 알았는데 마지막까지 내 이야기만 적혀 있어 무척 실망했다고 한다.

그 후 우리는 함께 성가대 활동을 하면서 거의 매일 만났다. 매일 보는데도 집 앞에서 헤어질 때면 쉽게 돌아서지 못하고 동네를 몇 바퀴씩 같이 돌기도 했다. 그렇게 그와 만나는 시간은 서서히 일상이 되어 갔다.

그러던 어느 날 친구로만 지내던 그가 나와 결혼하고 싶다고 고백해 왔을 때 나는 어떻게 해야 할지 난감했다. 아직 사귀는 것도 아닌데 결혼하겠다고 덤비는 그가 새삼 낯설었다. 하지만 더 많은 시간을 그와 함께 할 수 있을 거라는 생각에 설레었다.

사귄 지 한 달 즈음, 그는 산업 기능 요원으로 지방의 한 공장에서 근무하게 되었다. 건강해 보이는 그가 현역 입대를 하지 않은 이유가 궁금했지만 그가 난처해할까 봐 묻지 않았다. 그런데 먼저 말을 꺼낸 건 그였다. "내가 왜 현역으로 군대에 안 갔는지 궁금하지?" 하고 그가 불쑥 내게 물었다. 그러고는 어렸을 때 다리에 큰 화상을 입었다며, 흉터를 보고 아이들이 놀릴까 봐 반바지도 입지 못했다는 이야기를 해 주었다.

나는 아무 말도 할 수가 없었다. 오랫동안 가슴에 묻어 두었을 이야기를 꺼내는 그의 아픔이 전해졌기 때문이다. 그러면서 그는 이런 자신을 좋아해 줄 사람이 있을지 몰랐다며 나에게 고맙다고 말했다. 그런 그를 보며 나는 '그가 나를 신뢰하고 있구나.'라고 느끼게 되었다. 우리가 서로 특별한 존재가 되었음을 확신할 수 있었다.

지금도 그의 상처를 볼 때면 마음의 문을 열었던 그때가 떠오른다. 고마운 상처다.

그녀의 행복을 찾아 준 남자

성장하기 위해서는 자신의 과거와 가족의 결점을 인정하고,
물려받은 것 중 거부하고 싶은 것은 과감히 버려야 한다.
수잔 놀렌

"우울해."

"무슨 일 있어?"

"아니, 그냥."

"왜 우울한 기분이 드는데?"

"몰라. 그냥 우울해."

그는 참 답답했을 것이다. 내가 하루가 멀다 하고 우울하다면서 정작 그 이유를 말하지 못했기 때문이다. 그를 만나기 전까지는 그 감정에 젖어 있기만 할 뿐 한 번도 그 원인을 찾아보려고 노력하지 않았다. 노력할수록 더 우울해질까 봐 두려웠기 때문이다.

그래서 그가 왜 우울한 기분이 드는지 이유를 생각해 보라고 할 때마다 새겨듣지 않았다. 그저 시간이 흘러 저절로 그 감정이 사라지기만을 바랐다. 그러다 보니 하루 만에 기분이 좋아지기도 하고 며칠씩 그 기운에 휘둘려 지내기도 했다. 내가 할 수 있는 일은 혼자만의 시간을 갖는 것뿐이었다.

그렇게 혼자만의 시간을 보내다 보면 다시 세상에 나올 힘을 비축할 수 있었다. 그래서 학교 수업이 끝나면 곧장 집으로 돌아오고 휴일에도 특별한 약속이 없으면 대부분 집에 있었다. 보다 못한 어머니가 "너는 집에 있는 게 좋니? 약속 없어?" 하고 물으실 정도였다.

나는 내 기분을 속이고 누군가와 마주하는 것이 힘들었다. 기분을 억지로라도 바꿔 보려고 사람들을 만나고 나면 더 깊은 우울감에 눌려 내 안으로 침잠해 버렸다. 그럴수록 사람을 만나는 게 점점 꺼려지고 두려워졌다. 그래서 약속이 있더라도 이런저런 핑계를 대며 만남을 취소하곤 했다.

오랫동안 내가 우울한 기분에 그저 휩쓸려 다니기만 하자 그는 이유를 알아내지 못하면 거기서 영영 빠져나올 수 없을 거라며 주도적으로 변화하기를 권했다. 하지만 내 몸의 일부처럼 여겨지는 우울함을 하루아침에 내칠 자신이 없었다. 나를 걱정하고 아껴 주는 마음은 고맙지만 결코 그 이유를 찾지는 못할 거라는 내 말에 그는 체념하고 말았다.

주님께 매달려 보기도 했다. 당신의 한 말씀이면 내가 나을 수 있지 않겠냐며 기도했다. 하지만 힘든 상황을 극복할 힘이나 지혜를 간구하기보다는 그분 안에서 위안과 평화만을 얻으려고 했기에 제자리를 맴돌 뿐이었다.

그러던 어느 날 그가 책 한 권을 내밀었다. 자신을 괴롭히는 불만의 원인을 찾아내 해결함으로써 인생을 좀 더 신나고 보람차게 살고 싶어 하는 사람들을 위한 책이라고 했다. 그러면서 앞으로 만날 때마다 책의 내용을 한 장씩 함께 실천해 보자고 말했다. 그 후 우리는 이 책에 나오는 질문에 하나도 빠트리지 않고 최선을 다해 답하며 책을 읽었다.

그중 가장 기억에 남는 것은 바로 '엉뚱한 행동하기'였다. 살면서 한 번도 해 보지 않은 행동, 다른 이들이 어떻게 생각할까 두려워서 하지 않았던 행동을 공공장소에서 해 보라는 것이었다. 나는 그게 무엇인지 금세 떠오르지도 않았고, 혹시 그랬다가 비난받을까 봐 겁이 났다.

그러나 책에 나온 대로 해 보자고 약속했기 때문에

피할 수는 없었다. 그는 지하철에서 우산을 써 보면 어떻겠느냐고 제안했다. 절대 하지 않겠다는 나를 설득하던 그는 결국 전동차가 아닌 역사 안에서 우산을 펼치는 쪽으로 양보했다.

곧바로 역사로 자리를 옮긴 우리는 계획을 실행했다. 나는 주위를 둘러보다 사람들이 별로 없는 틈을 타

우산을 재빨리 펼쳤다. 그러자 나도 모르게 웃음이 피식 나왔다. 그리고 용기를 내서 몇 걸음 걸었다. 그때 갑자기 안내 방송이 흘러나왔다.

"역사 내에서는 우산을 접어 주시기 바랍니다."

나는 깜짝 놀란 나머지 우산을 접지도 않고 줄행랑을 쳤다. 뒤따라온 그와 나는 한참 동안 서로 바라보며 크게 웃었다.

"별거 아니지? 재미있지?"

그의 물음에 나는 고개를 끄덕였다.

이날의 경험을 통해 스스로 그어 놓은 선을 넘어가기 망설여질 때나 다른 이들의 시선이 두려워 움츠러들 때 용기를 얻게 되었다.

우리는 만날 때마다 책 속 질문들을 하나씩 풀어 나갔다. 마지막 장을 덮었을 때는 과거와 현재와 미래가 연결되어 있으며, 과거를 이해하고 용서해야만 성장할 수 있다는 것을 깨달았다. 가장 큰 수확은, 내 생각을 말했다가 비난당하거나 갈등이 생길 게 두려워 세상에 뛰어들지 못했다는 것과, 보잘것없는 나를 용서하고 사랑해야겠다는 것을 처음으로 인식했다는 점이다.

그때부터 내 시선이 밖에서 안으로 바뀌었다. 남들의 요구대로 해 줘야 그들이 나를 좋아해 줄 거라는 생각 대신 내가 좋아하는 것, 하고 싶은 것에 초점을 맞추기 시작했다. 처음에는 내 욕구가 무엇인지 알아채는 게 어려웠고, 그것을 밝히는 게 이기적으로 보일까 봐 신경이 쓰였다. 그래서 그가 나한테 가고 싶은 곳이 어딘지, 하고 싶은 일이 무엇인지 물어볼 때마다 나는 우물쭈물했다. 지난한 과정이었다. 하지만 그는 인내하며 내가 마음을 표현할 수 있도록 계속 응원해 주었다.

한번은 내가 아무것도 생각나지 않는다고 하자, 그는 앞으로 하고 싶은 일, 먹고 싶은 음식 등이 떠오를 때마다 메모해 두었다가 하나씩 해 보고 먹어 보자고 제안했다. 내 삶의 주인인 나보다 더 나를 생각하고 끔

찍이 아껴 주는 이가 곁에 있어서 행복했다.

차츰 자신감을 회복하고 세상에 뛰어들겠다고 결심했지만 종종 내 감정을 읽어 내지 못했다. 그것이 우리 관계의 큰 걸림돌이었다. 돌이켜 보면 화내거나 슬퍼해야 하는 상황에서 나는 그저 기분이 나쁘다고만 느끼고 말문을 닫아 버렸다. 그러고는 며칠 또는 몇 주가 지난 후에야 당시를 떠올리며 그 감정을 알아챌 수 있었다.

결국 나조차도 내 감정을 정의 내릴 수 없을 때면 그에게 당분간 연락하지 말자고 했다. 아무것도 떠오르지 않는데 그와 마주해 봐야 결론이 나지 않기 때문이다.

"이번에는 열두 시간이 필요해."

정해 놓은 시간이 지난 뒤에야 그에게 연락했다. 그리고 홀로 있는 동안 내 머리와 가슴을 샅샅이 훑었다. 그러다가 그와 대화로 풀 수 있는 문제면 그제야 그를 만나 내 마음을 진솔하게 전했다. 언젠가는 장난으로 일주일짜리라며 휙 돌아서 집에 온 적도 있었는데, 신기하게 내가 정한 시간이 지나면 어떤 식으로든 해결책이 나왔다.

그런데 이 방식에 익숙해지자 그가 얄미워 보일 때도 있었다. 내가 언제까지 시간이 필요하다고 하면 그는 밝은 얼굴로 "알았어." 하고는 집으로 돌아갔다. 나는 혼자 고민하느라 그 시간을 힘들게 보내는데, 그는 당연한 듯 자유롭게 그 시간을 즐기는 것 같았다. 그걸 느낀 날부터 나는 좀 더 빨리 내 감정의 원인을 찾으려고 노력했다. 그의 의도였을까? 나 홀로 있는 시간은 점점 줄어들었고 감정을 알아차리는 즉시 그 원인을 찾고자 노력하는 것에 익숙해졌다.

적극적으로 즐거워지는 일들을 찾아 나선 것도 우울한 감정에서 빠져나오는 데 큰 도움이 되었다. 처음에는 서점에 가서 관심 분야의 신간을 둘러보거나 사람들이 많은 거리에 나가 걷거나 상점을 기웃거렸다. 그러다가 차츰 익숙해지자 상점을 둘러보는 데에서만 그치지 않고 옷이나 화장품을 직접 구입하게 되었고, 커피숍에 들어가 책을 읽는 시간도 생겨났다. 또 초대받은 모임에는 참석하려고 노력했다. 그전에는 이런저런 핑계를 대며 어떻게든 빠져나가려고 했던 나로서는 큰 변화였다. 남들이 하는 말을 듣고만 돌아와도 그날은 왠지 뿌듯했다.

오랜 시간이 지나 "요즘은 우울하다는 말 안 하네?"라는 그의 말에, 드디어 나는 주기적으로 찾아오던 우울감에서 완전히 벗어났고, 내 감정을 즉시 알아차릴 수 있게 되었음을 알게 되었다. 어두운 터널을 빠져나온 듯 홀가분했다.

그는 나의 행복을 찾아 준 남자다. 그는 내가 삶의 희로애락에 충실할 수 있도록 이끌어 주었고, 즐거운 일을 찾아 나설 수 있도록 도와주었다.

그동안 메말랐던 내 인생이 단비를 머금은 연초록

잎처럼 싱그러워졌다. 만약 그때 그를 만나지 못했다면 혹은 그가 나를 돕지 않았다면 나는 지금의 행복을 누리지 못했을 것이다. 나를 오롯이 나이게끔 하는 이 남자를 만난 건 그분이 마련해 주신 선물인 것 같다.

  내 인생 최고의 행운이다.

그의 상처를 품어 준 여자

**자기 내면의 목소리를 충실히 들을수록
외부의 소리를 더 잘 들을 수 있다.**

다그 함마슐드

 어느 날 그의 형에게서 전화가 걸려 왔다. 오늘은 그를 만날 수 없을 거라는 형의 목소리가 떨리고 있었다. 그가 산업 기능 요원으로 일하는 공장에서 사고가 났다고 했다. 그가 다쳤다는 말에 정신이 아득해졌다. 그를 빨리 만나 봐야겠다는 생각만 들었다.

 "공장 근처 병원으로 안 가고 왜 서울까지 올라왔어

요? 집에서도 먼데요."

"거기가 화상 전문 병원이래."

그를 만나러 가는 내내 그의 형과 나눴던 이 대화가 귓가에 맴돌았다.

그는 공장에서 화학 약품을 섞어 구두약을 만드는 일을 했다. 그런데 뜨거운 여름 날씨에 달아오른 약품들을 섞다 펑 하는 폭발음과 함께 불이 난 것이다. 폭발과 동시에 그의 옷에 불이 붙었다. 그는 그 지경이 되었는데도 주변에 난 불을 먼저 껐고 그 후에 병원으로 실려 갔다고 한다.

안절부절못하며 병원에 도착했지만 병실 문을 열 용기가 나지 않았다. 나와 눈을 마주친 그의 형이 먼저 안으로 들어갔다. 나는 그 뒷모습을 바라볼 뿐 한 발자국도 움직이지 못했다. 크게 심호흡하고 나서 병실에 들어가니 눈, 코, 입만 빼고 머리 전체를 하얀 붕대로 감싼 이가 누워 있었다.

　나는 살며시 다가가서 손을 잡았다. 유난히 크고 투박한 손, 바로 그였다. 잡은 손에 힘을 주니 그가 일어나 앉았다. 그는 부어서 눈도 제대로 뜨지 못한 채 내 손을 어색해하며 누구냐고 물었다. 나는 눈물이 날 것 같아서 말없이 그의 손을 다정하게 어루만졌다. 그의 형이 내 이름을 대자, 그는 내 손을 큰 손으로 감싸 쥐었다. 그가 미안하고 고마운 마음을 표현하는 것만 같아서 그제야 참았던 눈물이 터져 나왔다.

나는 그가 어릴 적 다리에 화상을 입은 것만으로는 부족한 거냐며 하느님께 원망을 쏟아부었다. 내가 겪을 일을 그가 대신 당하는 것처럼 여겨졌다. 내게는 항상 다정다감하신 분이 왜 그에게는 이토록 모진 시련과 고통을 주시는지 도저히 이해되지 않았다. 당신이 하시는 일은 공평하지도 정의롭지도 않다며 따지듯 물었다. 당신을 알고 있는 우리에게는 이런 일이 일어나지 않게 우리를 보호해 줘야 하는 것 아니냐고 말이다. 하지만 이내 그분께 간청드릴 수밖에 없었다. 그를 사고 전의 모습으로 되돌려 주신다면 무엇이든 하겠다고 매달리는 것밖에 할 수 있는 일이 없었다.

처음 그를 본 의사들은 예전 모습으로는 돌아갈 수 없고 평생 장애를 안고 살아야 한다고 못 박았다. 지금으로서 할 수 있는 일은 상처가 아물기를 기다렸다가 피부를 이식하는 방법밖에 없다고 했다. 그들은 어떤 상처가 남을지, 얼마나 치료해야 할지 속 시원히 대답해 주지 못했다. 가족들이 물을 때마다 그저 기다려 보자는 말만 되풀이하는 그들을 보며 속이 탔다.

그는 처음 며칠 동안, 상처 부위가 부어서인지 숨 쉬고 먹는 것을 힘들어했다. 그중 가장 힘든 일은 식사하는 것이었다. 입술이 부어 입을 잘 벌리지 못했고 상처에 물이 닿으면 안 되었기에 식사를 제대로 할 수 없었다. 식사를 제대로 못해 허기지다고 하는 그에게 빵을 우유에 적셔 주고 간식거리를 작게 잘라 주었다.

붓기가 차츰 가라앉자 일주일에 두세 번 치료실에서 약을 새로 바르고 붕대를 갈 수 있었다. 그때마다 그의 어머니가 동행했다. 어머니가 안 계실 때면 그는 혼자 치료를 받았다. 내가 함께 가고 싶었지만, 그는 고통스러워하는 자신의 모습을 내게 보이고 싶어 하지 않았다. 그래서 머리를 감쌌던 붕대를 풀 때까지 나는 그의 얼굴을 한 번도 보지 못했다.

한동안 사고 소식을 들은 지인들의 방문이 끊이질

않았다. 다들 얼굴을 알아볼 수 없을 정도로 붕대를 감싼 그를 본 뒤 놀랐는지 아무 말도 하지 않았다. 그중 한 사람이 매일 병원에 들르는 나를 두고 열녀라고 했다. 그 말을 곱씹자 현실적인 문제들이 떠올라 갑자기 정신이 번쩍 들었다. 그가 앞으로 흉측한 모습으로 살아야 하고 직장도 구할 수 없다면, 그와 함께 길을 걷는 것조차 고통스러워진다면 그래도 그와 평생을 함께할 수 있을까? 가슴이 시켜서 지금 그의 곁에 있지만 다시 머리로 결심해야 했다.

그러나 결론은 하나였다.

'난 그가 필요해.'

만약 그가 얼굴 상처 때문에 사회생활을 못하게 되면 내가 그 몫까지 일하면 되는 거였다. 누군가 장애인이 된 그를 비웃는다면 내가 위로하고 지켜 주면 되는 거였다. 그 무엇도 걸림돌이 될 순 없었다.

치료를 받은 지 몇 달 후, 드디어 그는 머리 전체를

감쌌던 붕대를 풀었다. 사고 후 처음으로 마주한 그의 얼굴은 예상 외로 온전했다. 화상 자국은 찾아볼 수 없었다. 피부가 빨개지고 땀구멍이 커졌지만 우려와 달리 큰 상처 없이 예전 그대로였다. 별다른 치료를 받지 않아도 될 정도로 깨끗했다. 병원에서는 외출을 삼가고, 외출할 때에는 화상 전용 선크림을 바른 뒤 모자를 쓰라고 알려 주었다.

그는 이런 기적이 만들어진 것이, 사고 전의 사진을 보며 이때와 똑같은 모습으로 돌아가고 싶다고 간절히 바랐던 자신과 가족, 지인들의 끊임없는 기도 덕분이라고 여겼다. 특히 정성 어린 간호를 해 주신 어머니에게 가장 감사했다. 그 후로 문병 오시는 분들도 그의 얼굴을 확인하고는 놀라워했다. 많은 이들이 정말 기적 같은 일이 일어났다고 했고 나 역시 하느님께 감사 기도를 드리지 않을 수 없었다.

우리가 만난 지 천 일이 되는 날, 그는 멋지게 차려

입고 나왔다. 근사한 곳에 갈 테니 내게도 예쁜 옷을 입고 나오라고 주문한 터였다. 그가 전해 준 꽃을 들고 동네 사진관에 가서 기념사진도 찍었다. 그동안 있었던 수많은 일이 떠올라 가슴이 벅차올랐다. 우리는 행복한 커플이었다.

그런데 식사하러 간 음식점에서는 우리가 평범해 보이지 않았나 보다. 우리에게 깍듯이 인사하던 직원들이 우리 등 뒤에서 웃는 소리가 들려 왔다. 사실 병원에서 처방해 준 선크림이 잘 흡수되지 않아 그의 얼굴은 하얀 분을 바른 것처럼 보였다. 더구나 양복에 챙이 넓은 모자까지 썼으니 우스꽝스러워 보였을 것이다. 남의 시선을 의식하는 예전의 나라면 그와 함께 있는 시간이 견디기 힘들었을 것이다. 하지만 그때의 나는 상관없었다. 병원에서 상상했던 최악의 시나리오대로라면 나는 그 자리에 그와 함께 있을 수 없었을 것이기 때문이다. 그날 나는 행복했다.

성공보다 소중한 것

당신의 집에 사랑을 가져다주어라.
가정이야말로 우리의 사랑이
시작되는 곳이어야 하기 때문이다.

마더 테레사

적당한 스트레스는 삶에 발전을 가져오는 중요한 원동력이다. 일의 추진력을 높여 주고 지금보다 더 나은 삶을 꿈꾸게 한다. 그러나 극심한 스트레스는 건강을 해치고 삶을 황폐하게 만든다. 행복에 대한 삶의 자세도 마찬가지일 것이다. 어제보다 나은 내일을 위해 현재의 어려움을 인내하고 최선을 다해 노력하는 시기는 분명 필요하다. 그러나 막연한 미래를 위해 현재를 무조건 희생한다면 현재와 미래가 동시에 불행해지는 게 아닐까?

내가 우울하다는 말을 입에 달고 살았을 때 그가 내게 깨우쳐 준 것은 행복은 현재에 있다는 점이었다. 행복은 반드시 거창해야 하는 것이 아니었다. 지금 이 순간 내가 하는 일에서 기쁨을 느낀다면, 또 지금 만나는 사람과 즐겁다면 그것이 바로 행복이다.

부와 명예를 거머쥔 성공한 삶을 꿈꿀 수도 있다. 그래야 행복할 수도 있다. 실제로 살다 보니 그런 것들이 필요할 때가 있다. 그러나 그것들만 좇다가 곁에 있는 행복을 내내 보지 못한다면 인생에서 크나큰 실수를 저지르는 셈이다.

대학 졸업 후 나는 대학원에 입학했다. 대학 동기들이 사회생활 하는 것을 보며 뒤쳐지는 것은 아닌지 불안하고 경제적으로 독립하지 못하는 상황이 괴롭기도 했다. 2년간의 대학원 생활은 힘들었다. 그래도 끝까지 버틴 것은, 어떤 일을 중도에 포기하면 다른 것에서도 마찬가지일 것이라는 생각 때문이었다. 게다가 다른 사람들도 하는데 왜 나는 못 하겠냐는 오기도 발동했다. 덕분에 대학원을 다니면서 미리 사회생활을 준비할 수 있었고 졸업 후 원하던 직장을 구할 수 있었다.

반면 그는 대학을 졸업하고 바로 취직했다. 물건을 팔기 위해 상대방을 설득해야 하는 영업직이었다. 그 고단함이 걱정스러웠지만 그는 평생에 한 번은 그 일을 해 보고 싶다고 했다. 하지만 경험이 없었던 그에게 매달 정해진 목표를 달성하기란 힘든 일이었고, 그만큼 일에 쏟는 시간이 늘어났다. 나와 만나는 횟수가 점점 줄어들면서 관계도 소원해졌다. 어느 날 마주 앉은 그는 몸뚱이만 내 앞에 있을 뿐 정신은 다른 곳에 있는 것 같았다. 같이 있어도 초조한 눈빛으로 다른 생각을 하는 그에게서 다정하게 내 말을 들어 주던 예전 모습은 더 이상 찾아볼 수 없었다.

그가 일에 매달리는 모습이 낯설었다. 실적 스트레스는 극에 달해 있었다. 요행을 바라는 것 같은 그의 태도가 위태로워 보이기까지 했다. 그가 그렇게 된 이유는 나도 알고 있었다. 결혼 이야기가 오가면서 걱정이 잦아졌던 것이다. 일단 부모님께 말씀드리고 의견을 들어 보자는 나와, 준비되면 말씀드리겠다는 그는 의견 차이를 줄이지 못한 상태였다.

성공해서 떳떳한 사윗감이 되고 싶은 바람, 그 마음이 헤아려져서 그가 더 안쓰러웠다. 하지만 성공을 위해 자신을 돌보지 않는 모습은 행복해 보이지 않았다. 이상하게도 그가 일에 대해 이야기할 때면 언젠가 내 곁을 떠날 것만 같았다.

우리의 관계를 위해 시작한 일이 도리어 관계를 망치고 있었다. 그가 이제 그만했으면 하는 바람이 컸지만 아무것도 그를 멈추게 할 수 없었다. 나도 나름대로 고민이 깊어졌다. 그저 지켜보기만 해도 될지, 아니면 끈질기게 그를 설득해야 할지 선택하는 것이 쉽지 않았다. 어느 날 복잡한 머릿속을 비우고 그냥 진심을 담아 내 마음을 전했다.

"만약 오늘 죽는다면 뭐가 제일 아쉬울 것 같아? 나는 지금 당신과 함께하는 것이 별로 없다는 게 아쉬울 것 같아. 돈을 별로 못 벌거나 일을 더 잘하지 못했던 게 아쉽지는 않을 거야."

그 말에 그는 점차 변했고 결국 이직을 선택했다. 학교 선배와 차린 작은 회사에서 그는 즐겁게 일했고 여유를 되찾게 되었다.

한편 부모님에게 결혼 승낙을 받는 과정은 계획과는 다르게 흘러갔다. 그와는 아무런 상의 없이 내가 먼저 부모님께 그를 인사시키고 싶다고 말씀드렸다. 부모님은 교제 사실을 알고는 계셨지만 그를 만난 적은 없었다. 부모님은 아무 말씀도 안 하시더니 그날 밤 잠자리에 든 나를 갑자기 깨우셨다. 그러고는 다른 말씀 없이 결혼을 승낙하겠다고 하셨다. 아무것도 묻지 않고 심지어 사윗감을 만나 보지도 않고 딸의 결혼을 승낙하시다니……. 결혼 승낙이 이렇게 쉬워도 되는 건가 하는 생각마저 들었다. 그래도 기뻤고 안도감이 들었다. 결혼 승낙 소식을 전하자 그도 놀란 눈치였다. 넘어야 할 높은 산이 사라지고 눈앞에 평지가 펼쳐진 것 같았다.

결혼식을 준비하면서 그가 다니는 회사 사정이 좋지 않다는 것을 알게 되었다. 그는 당장 생활비를 줄 순 없지만 그 회사에서 꼭 일해 보고 싶다며 앞으로 3년만 기다려 달라고 했다. 당시에 나는 직장에 다니고 있어서 금전적인 문제를 걱정하지는 않았다. 그래서 살림은 신경 쓰지 말고 열심히 일하라고 그를 격려했다.

그러나 약속했던 시간은 3년에서 5년으로 늘었고, 그 후에 그는 다시 이직해야 했다. 그제야 비로소 남편

수입이 생겼지만 몇 년간은 쌓인 빚을 청산하느라 생활비에 한 푼도 보태지 못했다. 그때도 그가 하고 싶은 일을 하길 바랐기 때문에 마음 한편으로는 가정 경제가 걱정되면서도 그를 지켜보기만 했다.

그는 처음 사회생활을 시작했을 때, 묵묵히 맡은 소

임을 하며 자기 자리를 지키면 마침내 일에서 성공하리라고 믿었다. 하지만 5년 동안 성실히 일한 결과 남은 건 빚뿐이었다. 그 빚을 청산하는 데 들인 시간과 노력을 계산해 보면 우리 가족은 잃은 게 많은 것처럼 보였다. 하지만 이러한 과정이 터닝 포인트가 되어 그는 가족에게로 눈을 돌렸고 소중하게 여기는 것을 먼저 챙기기 시작했다.

그의 변화가 반가웠다. 바로 지금 이 순간을 충실히 사는 모습이었다. 직업적인 성공보다 가족을 먼저 챙기고 사랑하는 사람들과 함께하는 시간을 즐기는 그가 예전보다 훨씬 더 행복해 보였다. 이제 그는 그 시간들이 인생에서 가장 소중한 순간임을 알고 있다. 긴 시간이 걸렸지만 이제야 제자리를 찾았다.

약혼자주말, 그 특별한 결혼 준비

너희는 허리에 띠를 매고 등불을 켜 놓고 있어라.

루카 12,35

　결혼을 준비하면서 가장 먼저 한 일은 주례 신부님을 찾아뵌 것이었다. 그와 내가 성가대 활동을 할 당시 본당에 계셨던 신부님이셨다. 결혼 준비에 관한 이야기를 하던 중이었는데, 예상치 못하게 신부님이 숙제를 하나 내주셨다. 혼인성사를 받으려면 혼인 교리 수료증이 필요하다면서 가정사목부의 약혼자주말 프로그램에 다녀오라는 게 아닌가. 더군다나 2박 3일의 합숙 교육이라니.

직장인에게 금요일 저녁부터 일요일까지 이어지는 주말은 그야말로 꿀맛 같은 휴식 시간인데, 그걸 반납하고 혼인 교리를 받으라니……. 우리가 난감한 표정을 짓자 신부님이 으름장을 놓으셨다.

"약혼자주말 안 다녀오면 주례 안 설 거야!"

어쩔 수 없었다. 우리는 그 길로 약혼자주말 참가 신청을 했다. 혼인 교리 수료증을 받기 위해 의무감으로 주말을 기다렸다. 그런데 막상 가 보니 안 왔으면 후회할 뻔했다.

약혼자주말은 그리스도인을 위한 혼인 준비 프로그램이다. 결혼을 약속한 커플과 결혼 생활 1년 미만의 커플을 대상으로 한다. 이 프로그램의 가장 중요한 메시지는 "그리스도인에게 혼인은 배우자에 대한 계속적

인 배려와 서약을 필요로 하는 것이며, 배우자는 함께 성장해 나가기 위해 노력해야 한다."라는 것이다. 그래서 프로그램을 마치고 나면 '사랑은 결심이다.', '배우자에게 생명을 주는 말과 행동을 하자.'라는 등의 핵심 가치를 부부가 공유하게 된다. 이로써 둘은 시행착오를 줄이고 함께 성장할 수 있는 발판을 마련하게 된다.

프로그램에 참여하기 전까지 우리는 대화로 상대방의 상처를 깊이 이해하고 서로의 모습 그대로를 인정해 왔다고 생각했다. 또한 가치관을 공유하며 교집합을 늘리려고 부단히 노력했다고 여겼다. 그래서 우리는 관계 안에서 성장하고 있으며 삶의 나침반을 지녔다고 자부하고 있었다.

그런데 선배 부부들의 경험담을 들으면서, 결혼 생활을 하며 해답을 찾기 힘든 문제에 매일매일 맞닥뜨린다는 것을 알게 되었다. 부모와의 관계로 인한 문제, 결혼해서 배우자와 함께 살기 시작하면서 생겨나는 문제, 경제적 어려움, 서로 다른 가치관에서 오는 문제 등 셀 수 없이 많았다.

다행스럽게도 우리 부부는 약혼자주말을 통해 시행착오를 줄일 수 있는 기회를 얻은 셈이었다. 만약 이러한 이해 없이 결혼 생활을 시작했다면 어땠을까. 난관에 봉착해 돌파구를 찾지 못할 날들을 상상하는 것만으로도 아찔했다.

행복한 결혼 생활을 영위하는 수많은 선배 부부들

앞에서 겸허해졌다. 그리고 그 순간 우리 부부에게 주님의 손길이 닿는 게 느껴졌다. 결혼이라는 새로운 시작에 함께하심에 감사할 따름이었다.

약혼자주말을 수강한 후 우리 부부의 가장 큰 변화는, 결혼식 준비에 열을 올리기보다는 부부로서 어떤 삶을 살지 고민하는 데 더 많은 시간을 보내게 된 것이다. 단 하루뿐인 결혼식을 위해 공을 들이기보다는 평생 삶의 동반자가 되기 위한 것을 준비하는 게 더 가치 있는 일이며 선행되어야 함을 깨달았다.

그래서 우리는 간소하게 시작하기로 했다. 그때 나는 출퇴근 시간을 줄이기 위해 직장 근처로 거처를 옮긴 상태였다. 이때 쓰던 책상과 책꽂이, 부모님이 주신 서랍장, TV, 식기류 등 새 것은 아니었지만 신혼살림으로 부족하지는 않았다. 하지만 쓰던 것을 신혼집으로 그대로 들고 가면 그가 싫어하지 않을까 걱정되기도 했다.

그래서 어느 날 조심스럽게 살림에 대해 말을 꺼냈다. 예전부터 그가 침대를 좋아하지 않는 것은 알고 있었다. 그래서 "아이가 생기면 침대를 치워 버린대. 있어도 그냥 바닥에 요 깔고 잔다던데?"라고 슬쩍 물어봤다. 또 요즘 새로 짓는 아파트에는 붙박이장이 설치되어 있으니 당장은 쓰던 서랍장을 나눠 쓰자고 제안했다. 그러자 남편은 내 의견에 동감하며 돈이 있다면 살림을 장만하는 데 쓰기보다는 앞으로 우리가 성장하는 데 투자하고 싶다고 했다. 그렇게 우리는 각자 쓰던 것으로 신혼집을 꾸몄다. 여느 신혼집에서 보는 깔끔하고 모던한 느낌의 살림살이는 아니었지만 우리에게는 부족함이 없었다.

신혼여행은 호주로 갔다. 남편과 내가 생애 처음으로 지구의 적도를 넘은 여행이었다. 이때가 아니면 가보지 못할 것 같은 설렘이 가득한 여행지였다. 우리는 '결혼식을 전투적으로 치를 필요 있나?'라는 생각에 서울에서 하룻밤을 보내고 다음 날 여행을 떠났다. 그런 노력에도 호주에 도착했을 땐 장시간 비행에 따른 피로감과 시차 때문에 그야말로 인사불성 상태였다. 하지만 가 보고 싶은 곳, 먹고 싶은 것 많은 우리에게 5일이라는 시간은 짧았다. 지친 몸을 끌고서 어디라도 돌아다녀야 할 것 같았다.

"우리 한숨 더 자고 나가면 어때? 어차피 우리 여행이니 아무도 뭐랄 사람 없잖아. 누구랑 약속한 것도 아니고. 몇 시간만 쉬었다 출발하자!"

아침 식사를 겨우 마치고 나갈 채비를 하던 내게 남편이 솔깃한 제안을 했다. 다시 누워서 쉬고 싶은 마음이 간절했지만 더 많이 돌아다니지 않은 걸 나중에 후회할까 봐 걱정도 되었다. 내가 이리저리 재느라 머뭇거리는 사이 그는 벌써 누워 버렸다. 결국 우리는 반나절 정도 쉰 후 본격적인 관광을 시작했다. 목적지에 방점을 찍는 형식적인 여행도, 돌아보거나 비교하는 여행도 아닌, 그저 우리의 속도로 걸으며 한 여행이었다. 자랑하고 싶은 마음과 욕심이 깃든 마음을 내려놓아 가능한 일이었다. 덕분에 우리 두 사람의 방식으로 하루를 즐기는 게 무척 기분 좋은 일이라는 것을 처음 느꼈다.

여행지에서의 추억을 떠올리며 우리 결혼 생활도 이와 비슷한 모습이길 바랐다. 우리 부부의 삶은 바로 우리의 것이므로 우리가 좋아하는 것, 우리가 하고 싶은 것으로 채우고 싶었다. 우리는 준비되었으니 가능할 것 같았다.

그러나 결혼한 지 한 달 후 우리의 예상과 기대는 무너졌다. 우리는 전화로 예약해야 겨우 얼굴을 볼 수 있을 정도로 바빴다. 아침에 눈뜨면 각자 일터로 향하고 퇴근 후 집에 돌아오면 집안일과 TV 시청으로 저녁 시간을 보냈다. 한 번 켠 TV는 우리가 잠자리에 들 때까지 꺼지지 않았다. 하루 중 반드시 대화 시간을 갖고 어제보다 성장하기 위해 매일 힘쓰자는 다짐이 무색할 지경이었다.

변화가 필요했다. 대화를 나누거나 외국어를 배우는 것처럼 정작 중요한 일을 TV를 보느라 못한다는 것이 한심했다. 그래서 그날로 TV를 없애 버렸다. TV가 사라지자 세상이 고요해졌다. 하는 일에 집중하게 되고 배우자가 무엇을 하는지 관심이 생겼다. 끊임없이 대화하게 되었고 악기를 배우게 되었으며 여행을 계획하게 되었다. 온 세상을 다 담은 것 같은 TV가 없으니 비로소 사람을 만나고 세상을 만나게 된 것이다.

우리 부부의 결혼 생활은 이렇듯 약혼자주말을 수강하며 공유한 가치관들을 실현하기 위해 노력하는 과정의 연속이다. 여건이 갖춰진 후에 꿈꾸는 삶을 살겠다고 미래만을 바라보는 것이 아닌, 바로 오늘 변화하기 위해 노력하는 삶이다.

Part 2

부부,
사랑을 결심하다

사랑의 언어

우리가 배우자의 '사랑의 언어'를
적극적으로 구사하기 시작하면,
과거의 갈등이나 실패를 치유할 수 있는
사랑의 감정을 만들어 낼 수 있다.

게리 채프먼

결혼 후, 남편은 회사 일이 바빠 며칠씩 집에 늦게 들어오곤 했다. 그런 남편이 가끔은 가족들에게 무관심한 것 같았다. 남편이 가사와 육아를 전적으로 나에게 위임한 것처럼 행동할 때면 혼자 모든 것을 감당하는 것이 힘들고 속상했다. 무거운 장바구니를 혼자 옮길 때, 간신히 치운 장난감을 아이가 다시 꺼내 놓을 때, 끊임없이 쌓이는 빨래나 설거지를 할 때 도움을 주기는커녕 집안일이 얼마나 반복적이고 흥미 없는지 이해조차 못하는 남편이 원망스러웠다.

'나도 처음부터 잘했던 건 아닌데 같이 좀 하면 안 되나?' 하는 마음이 들었지만 한국 사회에서 굳어진 남녀 역할을 생각하면 특별한 대안도 없을 것 같았다. 하지만 엉뚱하게도, 아내이자 엄마로서 가정을 잘 꾸려 줘서 고맙다는 남편의 칭찬 한마디에 기운이 났다. 남편이 나를 응원하는 특별한 방법은 없었다. 그저 종종 나에게 편지를 써서 마음의 위안을 주었고, 남들 앞에서 나를 칭찬해서 피로가 가시게 해 주었다. 이 힘이 생각보다 컸던 것 같다.

그는 나를 칭찬하면서 마치 자신이 칭찬받은 것처럼 뿌듯해했다. 그 모습이 고마웠지만 낯설기도 했다. 그러다 게리 채프먼의 《5가지 사랑의 언어》라는 책을 읽으면서 그의 행동에 대한 실마리를 찾을 수 있었다.

　사람들은 각자 사랑을 느끼는 언어가 다르다고 한다. 인정하는 말, 함께하는 시간, 선물, 봉사, 스킨십이 다섯 가지 사랑의 언어다.

　나에게 첫 번째 사랑의 언어는 함께하는 시간이고, 두 번째 언어는 봉사다. 남편에게 첫 번째 언어는 인정하는 말이고, 두 번째 언어는 함께하는 시간이다. 남편이 나를 칭찬하며 뿌듯해한 이유는 바로 자신의 첫 번째 사랑의 언어가 '인정하는 말'이기 때문이었다. 그는 나에게 '인정하는 말'로 사랑을 표현한 것이다. 그리고 자신의 언어로 사랑을 표현하면서 스스로 100점짜리 남편이라고 여긴 셈이다.

한번은 남편이 나에게 공개적으로 노래를 불러 준 적이 있다. 그날은 남편이 보컬 동호회에서 석 달 동안 갈고닦은 노래 실력을 뽐내는 발표회 날이었다. 공연 중간에 나를 무대 위로 불러 노래를 하고 꽃다발도 주었다. 동호회 활동으로 일주일에 두세 번씩 집에 늦게 들어온 게 미안해서 준비한 이벤트였다.

그런데 마냥 기쁘지가 않았다. 사실 나는 그가 이런 선물을 준비하느라 집에 늦게 들어오는 것보다 일찍 퇴근해 가족과 시간을 함께 보내고 집안일을 도와주는 게 더 좋았다. 그는 자신의 사랑의 언어로 내게 사랑을 표현했지만 내가 원하는 바와 달라서 만족감이 낮았던 것이다.

언젠가 남편에게 옷을 선물한 적이 있다. 그는 생일이었는데도 별 감흥이 없어 보였다. 그도 나와 마찬가지로

'선물'이라는 사랑의 언어는 좋아하는 편이 아니었다.

사람마다 사랑의 언어가 다르다는 것을 안 이후로 우리는 기념일이나 생일에 선물을 준비하지 않기로 했다. 대신 함께 식사하거나 산책하며 대화하는 쪽을 택했다.

이처럼 나와 배우자의 사랑의 언어를 알면 내가 원하는 것과 상대방이 원하는 것을 알 수 있다. 이러한 과정에서 서로의 공통점과 차이점을 알게 되면 적절한 소통이 가능해진다. 상대방이 원하리라 미루어 짐작하는 것보다 원하는 것을 정확히 파악하면 서로에게 서운해할 일이 줄어든다.

처음부터 배우자의 모든 것을 아는 사람은 없다. 우선 나를 먼저 들여다보고 그것을 배우자와 공유해야 한다. 그러한 노력이 있어야만 사랑이 유지되고 가정이 원만해진다.

사랑하는 사람을 위해 노력하는 모습, 이보다 더 큰 사랑 표현이 있을까?

또 하나의 대화법, 성

진정한 탐험은 새로운 땅을 찾는 것이 아니라
새로운 시야를 찾는 것이다.

마르셀 프루스트

결혼을 한 후 시간이 지날수록 우리의 성관계는 점점 소원해졌다. 그것이 내가 매력이 없나 하는 자조로 이어졌고 곧 결혼 생활의 불만이 되어 갔다.

우리는 흔히 성(性)이라고 하면 육체적인 관계를 떠올린다. 하지만 성적인 것이라고 하면 여성으로서 갖는 태도, 남성으로서 갖는 태도를 아우르는 말이다. 우리는 이렇게 성적인 존재로 세상과 관계를 맺고 있으며, 결혼 생활을 통해 성적인 부분을 지속적으로 발전시켜 나갈 수 있다.

남편을 만나기 전, 나는 외모를 가꾸는 것에 별 관심이 없었다. 오히려 여성스러운 것이 내게는 어울리지 않는다고 생각했다. 그런데 그에게는 나의 가장 좋은 모습을 보이고 싶었다. 그를 만나는 날이면 평소에는 하지 않던 화장을 하고 몸매가 드러나는 옷을 입었다. 그는 내가 애교가 많고 차분한 성격이라서 좋다고 했지만, 정작 나는 예쁘고 섹시하다는 말을 더 듣고 싶었다. 그래서 점점 외모를 가꾸고 여성스럽게 행동하게 되었다.

그러면서 자연스럽게 내 안의 여성성을 표출할 수 있었다.

하지만 결혼 후, 그는 더 이상 내게 매력을 느끼지 못하는 것처럼 보였다. 신혼여행을 다녀온 후 일상으로 돌아오자 우리는 직장 일로 녹초가 되었고 집안일을 하느라 항상 잠이 부족했다. 결혼한 주위 사람들이 신혼 때는 눈만 마주쳐도 불꽃이 튈 거라고 했는데 그는 매일 눕자마자 코를 골며 잠들어 버렸다.

처음에는 그가 피곤해서 그런가 보다 하고 대수롭지 않게 여겼다. 하지만 점점 내가 매력이 없어서 불꽃이 튀지 않나 하는 걱정이 생겼다. 그래서 섹시해 보이는 잠옷을 입어 보면 어떨지 그에게 물어보았지만 반응이 시큰둥했다. 그저 피곤해서 그렇다는 말만 돌아왔다.

그러다 주중에는 일하느라 고단해서 바로 잠자리에 들지만 주말에는 여유롭게 성생활을 즐기는 우리 부부의 패턴을 알게 되었다. 그러자 초조한 마음이 들지 않게 되었고 횟수에 집착하지 않게 되었다.

이처럼 부부가 선호하는 날을 알아 두면 오해가 생기지 않는다. 또한 서로 일하는 시간대나 근무지가 달라 시간을 내기 어려울 때는 특별한 날을 미리 정해 볼 수도 있다. 부모님과 같이 사는 경우도 마찬가지다. 평소에 서로를 생각하고 만날 날을 기다린다는 것을 알리는 것도 배우자에게 기쁨을 줄 수 있다. 지인 부부는 남편이 발을 씻겨 달라고 하거나 아내가 특별한 옷을 입어서 만나자는 신호를 보낸다고 한다.

또한 적극적으로 자신이 원하는 스킨십을 배우자에게 알리는 것도 좋은 방법이다.

어느 날 남편이 보여 줄 것이 있다며 나를 방으로 이끌었다. 그러면서 DVD를 몇 개 빌려 왔는데 그중 하나가 성교 시 체위를 배울 수 있는 교본이라며 함께 보자고 했다. 처음에는 그런 게 왜 필요하냐며 쏘아붙였는데 혹시 우리 관계에 만족하지 못해서 DVD를 보며 말하려는 것이 아닐까 하는 생각이 들어 함께 보았다. 그 후로 우리는 각자 맘에 드는 체위를 제안하고 자연스럽게 그 느낌에 대해 말할 수 있게 되었다. 다양한 시도를 통해 우리 부부에게 가장 편안한 방법을 찾을 수 있었다는 점에서 큰 도움을 얻었다.

성, 부끄럽고 말 못할 것이 아니라 부부가 누릴 수 있는, 말로는 전하지 못했던 감정을 전달할 수 있는 또 하나의 대화법이다.

이상과 현실을 조율하며 일치 이루기

어느 항로를 향해 방향키를 돌려야 하는지 모른다면
그 어떤 바람도 도움이 되지 않는다.

세네카

    결혼하고 나서 가족계획을 세울 때, 부모가 되는 것에 대해 막연하기만 했다. 다른 부부들처럼 두세 살 터울의 아들딸 둘을 낳아 기르면 어떨까 하는 이야기를 주고받은 적이 있긴 했지만 언제 아이를 갖고 어떻게 기를지 구체적인 계획은 세우지 않았다. 먼 미래의 일이라고 여겼기 때문이다.

그러면서 입양에 관한 이야기도 나눴다. 주변에서 건강상의 이유로 아이가 생기지 않는 경우를 종종 보면서 생각해 낸 하나의 대안이었다. 그것이 사랑을 실천하는 하나의 방법이 될 수 있겠다는 믿음도 있었다. 그 후로 우리 부부는 입양하겠다는 계획을 주위 사람들에게 공공연히 말하곤 했다.

그런데 첫아이를 낳고 육아를 경험하면서 아이를 키우는 일은 마치 마라톤처럼 시간과 수고를 장기적으로 들여야 하는 것임을 알게 되었다.

엄마를 전적으로 의지하는 아이를 돌보다 보면 아이의 비서가 되는 순간도 있고, 아이의 앞길을 책임지고 이끌어 줘야 하는 인생의 선배가 되는 순간도 있다. 또한 항상 관심받고 싶어 하고 함께 놀고 싶어 하는 아이를 위해 부모가 희생해야 할 때도 있다. 사정이 이러니 둘째 아이를 갖는 것도 큰 고민이었다. 더군다나 입양은 도저히 엄두가 나질 않았다. 이제 입양에 대한 우리 부부의 계획은 현실이 되지 못하고 그저 이상으로만 남게 되었다.

간혹 이상을 현실로 만들기 위해 엄격한 계획을 세울 때가 있다. 그런데 이것은 부부 관계에 좋지 않은 영향을 끼치기도 한다. 우리 부부는 가족 회의라는 형식을 활용하려다가 소통에 어려움을 겪은 적이 있다.

신혼 초, 주말마다 양가 부모님과 친척들, 지인들을 초대해 집들이를 했다. 그러려면 날짜와 시간을 정하고 초대할 인원수를 파악하는 일로 남편과 상의할 게 많았다. 그러나 아침 일찍 출근하고 늦은 저녁이 되어서야 들어오는 그와 대화하기란 쉽지 않았다. 나는 회사에 출근해서도 집들이 때 장만할 음식과 부족한 식기류를 친정에서 빌려 올 것을 생각하느라 일에 집중하지 못했다. 하지만 그와 상의하려고 전화하면 미팅 중이라거나 바쁘다고 끊기 일쑤였다. 또한 때로는 남편 혼자 계획해서 결정한 일을 통보받는 일이 반복되자 나는 점점 불만이 쌓여 갔다.

일부러 시간을 내어서라도 계획을 공유해야겠다는 생각이 들었다. 그래서 가족 회의를 제안했다. 그도 흔쾌히 동의했고 드디어 첫 번째 가족 회의를 하는 날이 되었다.

나는 오랜만에 부부가 마주 앉게 될 시간을 기쁜 마음으로 기다렸다. 각자 수첩을 들고 마주앉으니 가족 회의가 완벽히 준비된 것만 같았다. 그런데 남편은 갑자기 "이제 시작하자!" 하는 말과 함께 수첩에 시작 기도, 지난달 반성, 이번 달 계획, 안건 토의, 기타 토의, 마침 기도 등의 회의 순서를 적기 시작했다. 그는 일정한 형식에 따른 회의를 하고 싶다고 했다.

"우리 사이에 그런 게 왜 필요해? 그냥 떠오르는 대로 얘기하자."

차를 마시며 자유로운 분위기에서 이야기하고 싶었

던 나는 볼멘소리가 절로 나왔다. 그러나 그는 막무가내로 자신만의 방식을 고집했다. 나는 우리가 하는 말을 요약해 끊임없이 수첩에 적는 그를 보자 화가 났다. 내가 바랐던 가족 회의는 이런 게 아니었다며 결국 큰소리를 치고 말았다.

그는 자신의 방식에 따르지 않는 내가 이해되지 않는다고 했다. 나야말로 그런 그가 이해되지 않았다. 자신은 옳고 나는 틀렸다고 말하는 것 같았다. 이후로도 우리 부부는 한 달에 한 번씩 가족 회의를 했지만, 진행 방식을 놓고 싸우다가 감정만 상하기 일쑤였다.

마침내 우리는 특별한 자리를 마련하기보다는 식탁에 앉아 일상에 대해 서로 묻고 일정을 조정하는 것으로 가족 회의 방식을 변경했다. 그렇게 하자 서로 감정이 상할 일이 없어졌다. 이제는 오히려 이 방식이 더 편하다.

막연한 꿈이었던 입양을 실천하지 못하고 가족 회의로 갈등을 겪으면서 우리는 두 가지를 깨달았다. 바로 오늘 실천할 수 있는 작은 목표가 없는 계획은 이상으로 남을 수밖에 없다는 점과 아무리 좋은 일이라도 형식에 치우치다 보면 관계를 놓치고 만다는 점이다.

그때부터 우리는 일상생활에서 이상을 무리하게 실

천하려 하지 않는다. 그 대신 매년 함께 계획을 세워 하나씩하나씩 실천하는 삶을 살려고 노력하고 있다.

부부 싸움의 규칙

주먹을 쥐고 있으면 악수를 나눌 수 없다.
인디라 간디

신혼 시절, 한번은 서로 의견을 내세우다가 언성이 높아진 적이 있다. 나는 하고 싶은 이야기가 많았을 뿐인데 남편이 자리에서 벌떡 일어나더니 자전거를 들고 집 밖으로 나가 버렸다. 서로 격양된 목소리가 오가던 집 안이 한순간 조용해졌다. 대문을 바라보며 잠시 생각해 보니 그리 심각한 문제도 아니었다. 다툰 게 머쓱

해졌다. 하지만 잔뜩 화가 난 남편은 금방 돌아올 것 같지 않았다.

잠시 고민하다 집안일이나 하자고 맘먹었다. 그런데 다림질을 막 시작하려는 찰나 대문이 벌컥 열리더니 남편이 들어오는 게 아닌가. 얼굴에는 설핏 웃음을 띤 것도 같았지만 우리는 서로 날카로운 눈빛을 교환하기만 할 뿐 아무 말도 하지 않았다. 그는 성큼성큼 거실을 지나 자전거를 제자리에 두고는 방으로 들어가 버렸다. 다음 날 아침에 물어보니 남편은 대문을 나서자마자 자신이 별일도 아닌데 화를 냈다고 생각했단다. 그래서 바로 집으로 돌아왔다는 것이다.

이날부터 우리는 감정이 격해져서 상처를 주는 말이 오가면 둘 중 하나가 잠시 그 자리를 피하기로 했다. 각자 생각할 시간을 갖기 위해서다. 또한 상대방이 예전에 잘못한 일을 들춰 내거나 말꼬투리를 잡는 등 소모적인 다툼은 하지 않기로 했다.

갈등을 일으킬 정도로 복잡한 문제에서 합의를 이끌어 내는 것은 쉽지 않다. 이때 우리 부부는 '타임 아웃제'를 활용한다.

'타임 아웃제'란 다투었더라도 잠들기 전과 성당에 가기 전에는 반드시 악수하며 화해하자는 우리만의 약속이다. 그렇다고 갈등을 일으킨 문제를 그냥 덮겠다는 것은 아니다. 잠시 휴전한 후 적당한 시간에 다시 그 문제를 논의하자는 뜻이다.

악수하면 상대방도 갈등을 해결하고 싶어 한다는 것을 알 수 있다. 그래서 잘못을 용서하는 마음, 먼저 미안하다고 말해야겠다는 마음이 절로 생긴다. 물론 할 말이 남아 있을 때는 악수하면서 "10시에 다시 이야기해요."라고 말한다. 그렇게 하면 의외로 마음이 쉽게 풀리고 새로운 해결책이 떠오른다.

부부 싸움의 규칙을 지인들한테 들려주면 그게 정말 가능하냐는 질문을 종종 받는다. 그때마다 나는 도리어 부부가 함께 만든 규칙을 왜 서로 지키지 못하는지 의아했다. 그래서 우리 부부의 모습을 되돌아보았다.

부부 싸움의 규칙을 잘 지키려고 노력하는 마음속에는 갈등 상황에서도 서로 사랑으로 대하고, 둘 다 문제를 해결하겠다는 의지가 있을 것이라는 믿음이 깔려 있다. 우리 부부가 이것이 가능한 이유는 오랫동안 대화하면서 얻은 신뢰가 있기 때문이다. 만약 화해의 악수를 청했을 때 상대방이 선뜻 응하지 않는다고 해도 배우자를 탓할 건 없다. 먼저 둘 사이에 대화를 통한 신뢰가 쌓여 있는지 점검해 봐야 한다.

우리 부부가 싸움으로 심각해지지 않는 또 다른 비결은 싸우더라도 진솔한 태도를 유지한다는 것이다. 드러내면 내가 초라해지고 그릇이 작은 사람이 될 것 같아서 속마음을 감추면 갈등의 실마리를 찾기 어려워진다.

언젠가 가사를 분담하는 일로 갈등을 일으킨 적이 있다. 남편에 비해 일찍 퇴근하는 내가 가사와 육아를 책임지기로 했다. 그 대신 주중에 늦게 퇴근하는 남편은 일주일에 한 번씩 재활용 쓰레기를 버리고 주말에 욕실을 청소하기로 했다. 식사 준비나 설거지, 빨래, 청소처럼 매일 챙겨야 하는 일들은 제때 하지 않으면 집안이 엉망이 되지만 해 놓아도 별로 티가 나지 않는다. 반면에 일주일에 한 번 하는 일은 다음 주로 미뤄도 그다지 눈에 띄지 않는다. 미룬 만큼 양이 좀 많아질 뿐 일상생활에는 큰 지장이 없다.

나는 퇴근 후 아이를 돌보며 가사까지 챙기는 어려움을 남편이 이해하고 인정해 주길 바랐다. 그런데 속마음과는 다르게 말이 나왔다.

"내가 매일 하는 일이 얼마나 많은 줄 알아? 당신이 주말에 일찍 일어나서 욕실 청소, 방 청소 알아서 해 주면 안 돼?"

아마 그때 남편은 비난받는 기분이었을 것이다. 내 말을 시작으로 인정은커녕 일순간 서로 언성을 높이며 자기가 더 힘들다고 토로하는 장이 되어 버렸다.

내가 원하는 결론이 아니었다. 하지만 이미 서로 마음을 닫고 본인 이야기만 하고 있는 마당에 나의 처음 의도를 꺼내는 게 쑥스러웠다. 그렇다고 평소에 쉽게 그 이야기를 꺼내지도 못했다. 그래서 가사로 인한 다툼이 반복될수록 서로 생채기만 날 뿐이었다.

남편과 내가 가사를 똑같이 분담해야 공평할 것 같았지만, 직장에서 보내는 시간이 많은 남편에게는 불가능한 일이었다. 결국 가사 도우미의 도움을 받기로 했다. 일주일에 한 번 4시간 동안 가사 도우미가 할 수 있는 일은 의외로 많았다. 덕분에 그 후로는 가사로 다투는 일이 좀처럼 없었다.

그리고 시간이 흘러 가사에 익숙해지고 가사 도우미

의 도움이 더 이상 필요하지 않게 되었을 때 확실히 깨달았다. 당시에 내가 가족을 위해 희생한다고 느낀 것은 가사를 적절히 분담하지 않아서가 아니었다. 그 밑바탕에는 가족을 위한 나의 노력을 남편이 알아주고 인정해 주길 바라는 마음이 있었던 것이다. 그동안 그런 마음을 꺼내 놓지 못하고 집안일에 신경 좀 쓰라고 버럭 화만 냈던 것이 후회스러웠다. 그래서 남편에게 이런 내 마음을 솔직하게 전했다. 그제야 남편도 내 말에 고개를 끄덕였고, 그때부터 집안일은 나 혼자 떠안기보다는 함께하게 되었다.

이 일을 통해 상대방에게 원하는 바를 솔직하게 말하는 게 대화의 시작이라는 것을 깨달았다. 또한 상대방의 행동을 지적하거나 비난하는 이유는 자신을 내보이는 용기가 부족해서임을 알게 되었다.

다투다 보면 어떨 때는 문제의 원인을 찾는 것이 무척 어려울 때도 있다.

언젠가 남편은 퇴근길에 만난 세탁소 아저씨가 세탁물을 받으러 오기로 했다며 현관문을 반쯤 열어 놓았다. 남편이 세탁 맡길 양복을 고르는 사이에 엘리베이터 문이 열리더니 인기척이 들렸다.

그런데 남편이 시간을 지체하자 세탁소 아저씨는 "준비되면 맡기세요!" 하고는 쌩 하니 도로 내려가 버렸다. 그제야 다 됐다며 양복을 들고 나온 남편은 문 앞에 아무도 없다는 것을 확인하고는 다시 들어왔다. 지난번에도 똑같은 상황을 목격한 적이 있어서 나도 모르게 부아가 치밀었다.

"아니, 저 아저씨 성미 급한 거 알면서 왜 또 불렀어?"

나는 세탁물을 미리 준비해 두지 않고 아저씨를 부른 남편의 행동을 비난하고 어떻게 저런 서비스로 이 동네에서 세탁소를 운영하는지 이해되지 않는다며 혼자 열을 올렸다. 한 5분쯤 그러고 있자니 양복을 묵묵히 제자리에 걸던 남편이 한마디 했다.

"근데 왜 당신이 화내?"

시간이 멈춘 것처럼 갑자기 멍해졌다. 그러면서 화난 이유를 생각해 보았다. 남편의 준비성 없는 모습을 남에게 보인 것이 부끄러웠다. 똑같은 실수를 두 번이나 반복한 남편이 바보 같았다. 하지만 어쨌든 내가 화낼 일은 아니라는 결론을 내렸다. 그렇게 짧은 부부 싸움은 끝났다.

싸움의 규칙은 두 사람이 함께 만들어서 서로 지켜야 한다. 자신만의 부부 싸움 규칙을 만들어 보면 어떨까. 다투다가도 재미있는 싸움 규칙이 떠올라 피식 웃음 짓게 될지도 모른다.

세계가 무대, 집은 베이스캠프

부유함은 도구일 뿐, 숭배해야 할 신이 아니다.

캘빈 쿨리지

"집은 베이스캠프로 삼자. 언제든 툭 털고 떠날 수 있게."

다행스럽게도 우리는 집 평수나 인테리어에 욕심을 부리는 부부가 아니다. 우리는 집에 드는 비용을 아껴 취미 활동을 하거나 여행할 때 쓰자는 데 생각이 같았다. 그때부터 '예쁜 쓰레기'들을 구입하지 않으려고 노력했다. 필요할 것 같아서 혹은 갖고 싶어서 즉흥적으로 구입했던 물건들은 몇 번 쓰지도 못하고 먼지만 쌓여 갔다. 이러한 물건들을 나누고 버리면서 비로소 현명하게 소비해야겠다는 생각을 할 수 있었다.

그러던 어느 날 가구를 하나 사기로 했다. 아이가 커 가면서 수납 공간이 부족해졌기 때문이다. 인터넷으로 검색해 보니 몇 만 원부터 몇 십만 원까지 가격이 다양했다. 그런데 저렴한 가구는 화학 약품 냄새 때문에 선뜻 구입할 수가 없었고, 브랜드 가구를 사기에는 예산 초과였다. 그렇게 결정을 내리지 못하고 고민하는 사이 몇 주가 흘러갔다.

아이 장난감과 철 지난 옷들이 베란다에서 뒹굴어 하루라도 빨리 결정해야 했다. 그런데 브랜드 제품을 사겠다는 나와 비싼 가구는 살 수 없다는 남편의 의견이 팽팽하게 맞섰다. 내가 집에 돈을 들이지 않기로 한 약속을 까맣게 잊고 비싼 브랜드 제품을 구입하겠다고 하자 남편은 펄쩍 뛰었다.

우선 가구 시세를 알아보기로 했다. 대형마트와 중고 가구점 대여섯 군데를 돌았다. 중고 가구점에서 괜찮은 서랍장을 발견했는데, 집에 있는 것보다 높이가 낮아 썩 내키지는 않았다. 나는 집으로 돌아와 예전에 점찍어 둔 가구 브랜드의 홈페이지를 밤새도록 구경했다. 그리고 집에 있는 서랍장을 버리고 새 것으로 두 개 사야겠다는 생각을 굳혔다. 아침까지 기다리지 못하고 자고 있던 남편을 깨워 새 것으로 사겠다고 했을 때, 남편은 눈을 비비고 일어나 단호하게 말했다.

"우리 집은 베이스캠프니까 그 형태는 언제든지 변할 수 있어. 이사할 때 망가져도 아깝지 않을 물건으로 사자. 집을 꾸미는 데보다는 여행하고 배우는 데 투자하기로 했잖아. 지금은 돈을 모을 때야."

초심을 일깨워 주는 그의 말에 나는 결국 다음 날 중고 가구점에 전화를 걸어 서랍장을 주문했다. 그러고는 배달되어 온 서랍장을 보고 나서 깜짝 놀랐다. 중고였지만 원래 있던 것보다 더 깨끗하고 튼튼했기 때문이다.

  그 후로도 모델 하우스나 잡지에 소개된 집을 보면 그 산뜻함에 저절로 시선이 갔다. 커피숍처럼 예쁘게 꾸민 주방, 구름 사이로 비행기가 날아가는 예쁜 벽지가 발린 아이 방을 볼 때면 한 번쯤은 그런 집에서 살고 싶다는 생각이 들었다. 그런데 그런 집에 우리 집 물건들을 채워 넣는 상상을 하면 그 산뜻한 느낌이 싹 사라져 버렸다. 그때 깨달았다. 내가 살고 싶은 집은 모델 하우스에 나오는 집처럼 산뜻한 벽지나 가구들로 채운 넓은 곳이 아니라 내가 가장 좋아하는 것들로 간소하게

꾸민 곳이라는 걸 말이다.

그때부터 정리를 하기 시작했다. 언젠가 쓸모 있을 것이라며 모아 두었던 잡동사니들은 버리고, 잘 쓰지 않는 그릇들은 기증했다. 낡은 옷과 오랫동안 신지 않던 구두는 버리고, 깨끗하지만 잘 입지 않는 옷은 필요한 사람에게 주거나 옷 수거함에 넣었다. 읽고 나서 책꽂이에 꽂아 두기만 했던 책들은 지인들에게 주거나 헌책방에 팔았다. 또한 아이 옷과 장난감도 기부하거나 필요한 사람들에게 나눠 주었다.

있는지도 몰랐던 물건이나 스타일이 비슷한 옷들을 서랍 깊숙한 곳에서 찾아냈다. 정리함에 차곡차곡 넣으면 '수납의 달인'이 되는 줄로만 알았는데, 정리함은 물건을 숨기는 기능까지 갖고 있었다.

물건을 정리하면서 지금 현재 무엇이 있고 무엇이 필요한지 알게 되었다. 또한 즐겨 사용하고 반드시 필요한 것들로만 꾸민 공간을 상상해 보니 절로 기분이 좋아졌다. 필요 없는 것을 정리하고 소중한 것들만 모아 놓자 소비 생활도 단순해졌다.

물건은 구입할 때부터 신중하게 고민해야 한다. 물건을 사기 전에 그것의 쓸모뿐만 아니라 쓸모를 다했을 때까지도 고려해 봐야 한다. 그리고 물건을 구입할 때는 필요한 양만큼만 구입하는 게 중요하다. 언젠가 배송료를 아끼려고 1년 안에 다 쓰지도 못할 많은 물건을 한꺼번에 주문한 적이 있다. 그런데 시간이 지나면서 어떤 것은 변질되고 지겨워져서 버리고 말았다.

결국 써 보지도 못하고 쓰레기통으로 직행하는 것을 보고 요즘은 배송료를 물더라도 필요한 개수만큼만 주문한다.

또한 사은품이나 답례품은 받아 오지 않는다. 공들여 고른 물건은 아껴 쓰고 고쳐 쓰지만 공짜로 생긴 물건은 다른 것들과 어울리지도 않을 뿐만 아니라 소중하지도 않아서 자주 꺼내 쓰지 않기 때문이다.

그리고 장 보러 가는 횟수를 의도적으로 줄이기도 한다. 먹을 게 전혀 없어 보이는 냉장고를 잠시만 들여다보면 남아 있는 재료들로 한 끼 정도는 차릴 수 있다. 사지 않고 버티는 것이다. 또한 가능하면 대형마트에 가지 않고 주로 인터넷으로 필요한 것만 주문한다. 대형마트에 가면 덤으로 주는 행사 제품이 눈에 띄게 마련이고 그러면 계획하지 않은 것을 장바구니에 담아 불필요한 지출이 늘어나기 때문이다.

버리고 비우는 작업을 위해서 집 안을 정리하고 물건을 신중하게 구입하는 것 이외에도 주기적으로 실천하는 일이 있다. 가입만 해 놓고 활동하지 않는 인터넷 동호회를 탈퇴하고, 사용하지 않는 메일 아이디를 삭제하는 것이다. 또한 즐겨찾기에 넣어 둔 불필요한 사이트를 정리한다.

어떤 사람을 볼 때, 그 사람이 가지고 있는 것보다 가지고 있지 않은 것을 보면 그 사람을 더 잘 알 수 있다고 한다. 언젠가 책에서 적은 물품으로 생활하는 사람들에 관한 내용을 읽은 적이 있다. 연필 한 자루, 신발 두 켤레, 책 스무 권, 컵 한 개로도 충분한 삶이 매력적으로 보였다.

    나이 마흔다섯이 되면 나는 과연 몇 개의 물건을 갖게 될까? 가짓수를 차츰 줄이며 살고 싶다.

따로 또 같이

다정스러움은 그 어떤 정열에 찬 서약보다
더 위대한 사랑의 증거다.

마를레네 디트리히

부부가 따로 있을 때 오히려 함께일 수 있다고 하면 사람들은 놀라기도 하고 고개를 갸웃거리기도 한다. 결혼하는 이유는 사랑하는 사람과 인생을 함께하고 싶어서일 텐데, '따로 또 같이'라는 사고방식이 이해하기 쉽지는 않을 것이다. 나 또한 남편과 함께하는 시간을 늘리려 노력했기 때문에 그들의 의아함이 낯설지 않다. 하지만 부부 생활에서 따로 또 같이 시간을 보내는 것은 아주 중요하다.

누구나 저마다 가장 좋아하는 시간이 있을 것이다. 나는 커피와 책이 있고, 글을 쓸 수 있는 노트북이 있는 혼자만의 시간을 가장 좋아한다. 그 힘으로 나 자신을 돌볼 여유가 생기고, 가족과 동료에게 친절하게 대할 에너지가 솟아난다.

이런 나와는 달리, 남편은 혼자보다는 관계 속에서 힘을 얻고 그 안에서 일을 해결하며 성취감을 느낀다. 남편은 조직에 갈등이 생기면 지혜롭게 풀고, 좋은 일이 있을 때는 함께 나누며 돈독한 우정을 쌓는 과정을 즐기는 것 같다. 그리고 그 후에 얻는 열매를 값지게 여긴다.

연애할 때 남편과 같이 한자를 공부한 적이 있다. 데이트하는 시간을 생산적으로 보내자며 남편이 한자 능력 시험을 권했는데, 처음에는 못 이기는 척 따라나섰다가 무려 1년간이나 공부하게 되었다. 그런데 한자 공부는 그의 목표지 나의 목표가 아니었다. 그때는 혹시나 그가 실망할까 봐 아무 말 못하고 공부했지만 전혀 의욕이 생기지 않았다. 결론적으로 그는 자격증을 땄지만 나는 매번 낙방하고 말았다. 그때 상대방과 나 둘 다 동의하지 않은 꿈은 함께 실현하기 어렵다는 것을 깨달았다.

성향이 다른 두 사람이 만나 결혼했고 이제 무엇이든 함께하게 되었다. 결혼 후에는 부부가 함께할 일들을 요일별로 계획하자는 그를 피해 도망다닐 수밖에 없었다. 부부가 함께하는 취미 생활 하나쯤은 있어야 하지 않겠느냐고 설득하는 그의 말이 나를 옥죄는 것 같았다. 그러나 나는 '하려면 혼자 해. 나는 책 읽는 게 더 좋아.'라고 속으로만 읊조릴 뿐, 이기적이라고 비난 당할까 봐 아무 말도 할 수 없었다.

남편의 오랜 설득에도 그와 나는 각자 다른 취미 생

활을 시작했다. 그는 사물놀이를, 나는 해금을 배웠다. 수요일마다 버스로 한 시간 반 거리에 있는 해금 교습소를 1년 동안이나 다녔다. 고단했지만 일상 속의 작은 여행처럼 느껴져 그 시간이 기다려졌다. 차창 밖을 보며 혼자만의 시간을 보내는 게 좋았다. 이때까지만 해도 함께하는 시간과 혼자만의 시간을 마련하는 게 어렵지 않았다. 지지가 필요하거나 대화하고 싶을 때는 언제나 그와 마주 앉을 수 있었다. 책을 읽거나 공상에 잠길 때 나를 가로막는 건 아무것도 없었다.

그러나 아이를 낳고 키우다 보니 함께하는 시간만 있을 뿐 혼자 보내는 시간은 점점 줄어들었다. 그러자 무언가 불만족스럽고 정리되지 않아 일상이 뒤죽박죽이었다. 그러나 간절함만큼 그에게 미안한 마음이 들고 내 제안이 거절당할 것 같아 마음속에 꽁꽁 담아 두기만 했다.

그러다 '함께성장연구원'에서 진행하는 '치유와 코칭

백일 글쓰기' 프로그램을 알게 되었다. 100일간 하루도 빠짐없이 글을 써야 하는 프로그램이었다. 해 보고 싶었지만 참여하려면 어쩔 수 없이 남편의 도움을 받아야만 했다. 고민 끝에 남편에게 사실을 털어놓았다. 하지만 걱정과는 달리 남편은 매일 한 시간씩 아이를 돌봐 줄 테니 한번 해 보라며 흔쾌히 허락했다. 그렇게 해서 아이가 생후 200일이 되었을 때부터 나는 매일 글을 쓰게 되었다.

이 프로그램에 참여하는 동안 책을 읽고 글을 쓰며 내 자신이 오롯이 존재하는 순간을 맞이할 수 있었다. 그 자유로움은 그 무엇과도 바꿀 수 없었다. 특히 방전 직전까지 갔던 나는 그 시간을 통해 에너지를 회복하고 아내와 엄마 역할에 더욱더 충실해질 수 있었다.

그때부터 우리는 번갈아 가며 각자의 시간을 누리기 시작했다. 남편이 보컬 동호회 활동을 하는 동안에는 내가 아이를 돌봤고, 내가 커피숍에서 책을 읽는 동안에는 남편이 아이와 시간을 보내는 식이었다. 덕분에 우리는 각자 좋아하는 일을 하며 에너지를 얻을 수 있었고 능력도 키울 수 있었다.

그러면서 행복한 기운이 차츰 커졌다. 고갈되었던 '봉사' 에너지가 채워져 힘들기만 한 일상을 때로는 수월하게 때로는 기쁘게 보낼 수 있었다. 남편도 취미 생활을 즐기면서 남편과 아빠로서의 역할에 더욱 충실해졌다.

이처럼 에너지 탱크를 채우려면 누구나 혼자만의 시간이 필요하다. 그런데 부부가 각자 시간을 보내면서도 반드시 확보해야 하는 것이 있다. 바로 가족이 함께하는 시간이다.

우리 부부는 각자의 시간을 갖기 시작하면서 주말에도 미리 약속하지 않으면 가족이 한자리에 모이는 게 어려웠다. 아이가 점점 커 가면서 부모의 역할이 중요해지자 우리의 자세도 바뀌어야 했다. 그래서 가정의

날을 만들었다. 그날만큼은 온 가족이 서로 도와 식탁을 차리고 함께 둘러 앉아 감사 기도를 드린다. 그리고 보드게임이나 블록 놀이처럼 아이와 함께할 수 있는 놀이를 해 본다. 가족이 모이면 으레 "우리 무슨 놀이 할까?" 하고 묻고, 아빠의 퇴근 시간을 더 자주 묻는 아이를 보며 적절한 때에 가족을 위한 시간, 부모 역할을 위한 시간을 마련했구나 싶다.

결혼은, 들판에 홀로 설 수 있는 사람들이 만나서 해야 한다. 건강한 자아를 지닌 사람이 결혼 생활도 잘 영위할 수 있기 때문이다. 결혼을 했다고 배우자의 삶을 좌지우지하거나 배우자에게 기대지 말아야 한다. 또한 의미 없는 자기 계발의 늪에 빠져 가족에게 소홀하거나 가족을 우선해 자신을 희생하지 말아야 한다.

부부 사이에도 때로는 함께, 때로는 따로 하는 것이 있음을 인정하면 따로 또 같이 성장하는 기회를 얻을 수 있을 것이다.

나한테 가장 소중한 사람은 언제나 나 자신이었으면 좋겠다. 나를 사랑해야 상대방도 소중히 여기고 사랑할 수 있으니까.

서로 사랑하라, 허나 사랑에 속박되지는 말라.

차라리 그대들 영혼의 기슭 사이엔 출렁이는 바다를 놓아두라.

서로의 잔을 채우되, 어느 한편의 잔만을 마시지는 말라.

서로 저희의 빵을 주되, 어느 한편의 빵만을 먹지는 말라.

함께 노래하고 춤추며 즐거워하되,

그대들 각자는 고독하게 하라.

비록 하나의 음악을 울릴지라도 저마다 외로운 기타 줄들처럼.

서로 가슴을 주라, 허나 간직하지는 말라.

오직 삶의 손길만이 그대들의 가슴을 간직할 수 있다.

함께 서 있으라, 허나 너무 가까이 서 있지는 말라.

사원의 기둥들도 서로 떨어져 서 있는 것을.

참나무와 사이프러스나무도 서로의 그늘 속에선 자랄 수 없다.

– 칼릴 지브란 〈결혼에 대하여〉 중에서

Part 3

청지기, 아이를 키우다

자연스럽고 편안한 아이 마중

위대한 것은 갑자기 이루어지지 않았다.

에픽테토스

부모가 되겠다고 결심한 부부라면 누구나 건강한 아이를 출산하려고 노력할 것이다. 우리 부부 역시 가족계획을 세운 후 건강을 되찾으려고 애썼다. 주위에서 불임으로 고생하거나 건강하지 않은 자녀를 출산하여 어려움을 겪는 부부를 보면서 우리의 건강을 자신할 수 없었다. 석 달 후 아이를 갖겠다는 계획을 세우고 음식으로 먼저 임신 전 태교를 시작했다.

　시작은 미미했다. 지금은 우리 먹거리를 파는 매장을 이용하고 녹즙도 마시지만 당시에는 노력만큼 좋은 것을 먹을 수 없었다. 드레싱 없이는 잎채소를 단 한 입도 먹지 못했고 직장에서는 먹거리 선택이 어려웠다. 오랫동안 길들여진 입맛을 바꾸는 게 생각보다 무척 어려웠다. 건강을 생각해서 억지로 먹었을 뿐이지 채소의 참맛을 즐기지는 못했다.

　변화는 서서히 일어났다. 손수 차리는 밥상에 달걀이 사라졌고, 고기보다 채소를 더 많이 내놓게 되었다. 장바구니에 고기보다 채소가 점점 더 많아지는 것을 보면 몇 년 후에는 채식을 즐기는 가족이 되어 있을지도 모르겠다.

　먹거리만큼 중요하게 여긴 것은 기도 생활이었다. 우리는 기도 시간을 정해 매일 마주 보고 앉았다. 처음에는 우리가 준비되었을 때 아이를 맡겨 달라고 기도

드렸다. 아이를 낳고 키우는 게 우리 능력 밖의 일로 여겨졌기 때문이다. 우리가 열심히 기도드린 덕분이었을까? 계획했던 대로 석 달 후에 임신하게 되었다.

임신 초기에는 입덧이 심해서 더 이상 먹거리를 선택할 수 없었다. 그저 입덧이 잦아들기를 기다리는 수밖에 없었다. 안정을 되찾고 나서부터는 자연 분만을 하려고 체력을 길렀다. 순산하길 바라는 마음으로 배 속 아기에게 말을 걸며 걸어서 출퇴근했다. 회사까지 40분 정도 걸렸는데 그 시간만큼은 아이에게 집중하려고 노력했다. 아이를 위해 최선을 다하는 내 모습이 스스로도 자랑스러웠다.

또 태교 기도 책을 읽으며 열심히 기도했다. 아이에게 바라는 소망이 담긴 책 속 문장들을 따라 읽으며 기도했다. 아이를 만난다는 설렘, 부모가 되는 두려움, 처음 겪을 일에 대한 기대감 같은 것들이 교차하던 시기였다.

우리 부부에게 임신과 출산은 철저한 계획과 실천 과

정을 거친 후에 얻은 기쁨의 소산이었다. 계획한 대로 실천하면서 귀찮거나 힘들었던 시간을 피하지 않고 이겨낸 노력은 건강한 아이 탄생으로 보상받을 수 있었다.

아이는 조산원에서 태어났다. 임신하기 전부터 조산원 출산을 염두에 둔 것은 아니었다. 임신 사실을 안 순간부터 여느 임신부처럼 산부인과 정기 검진을 빠짐없이 다녔고 의사를 전적으로 신뢰했다. 생각이 바뀐 계기는 임신 초기에 하는 기형아 검사 때문이었다.

"검사한 후에 결과가 좋지 않으면 어떻게 하나요?"

"그럼 결정하셔야죠. 수술이요."

익숙한 일인 듯 쉽게 대답하는 의사가 순간 무서웠다. 아이를 기다리는 부모의 마음은 모두 똑같을 텐데, 생명을 선택하는 검사는 받아들이기 힘든 제안이었다.

우리는 아이를 기다리며 기도했을 때의 마음가짐을 되새겨 보았다. 남자아이든 여자아이든, 건강하든 그렇지 않든 주님이 우리 부부에게 맡겨 주신 아이를 청지기처럼 키우겠다고 다짐하지 않았던가.

집에 돌아와 남편에게 기형아 검사에 대해 자세히 설명해 주었다. 그리고 만약 아이에게 장애가 있더라도 주님이 주신 그대로 받아들여 그 아이를 키우고 싶다고 말했다. 혹시나 남편이 현실적으로 대답하지는 않을까 반신반의했다. 그런데 내 말을 찬찬히 듣던 그는 아이가 건강하지 않아서 요양을 해야 한다면 직장과 집을 정리할 각오까지 되어 있다고 말했다. 그날 우리는 앞날에 가늠할 수 없는 고통과 어려움이 있더라도 주님이 계획하신 일에 순명하는 삶을 살자고 약속했다.

뜻을 확고히 한 후 병원을 다시 찾았을 때 기형아 검사를 받지 않겠다고 전했다. 그러자 의사는 나중에 후회할 것이고, 장애가 있는 첫째 아이는 나중에 태어날 둘째 아이에게 지우는 짐이라는 모진 말도 서슴지 않았다.

그 후로 병원에 갈 때마다, 이 의사는 경험이 많고 의술이 뛰어날지는 몰라도 우리 가치관에 위배되는 것들을 권할 수도 있겠다는 생각이 들어 촉각을 곤두세우게 되었다. 또한 임신이 축복받고 행복해야 할 일이지 걱정하고 불안해할 일은 아니라는 의식이 조금씩 생겨나게 되었다.

그러다 병원에서 출산하지 않겠다고 결심하게 된 결정적인 계기는 우연히 본 사진 때문이었다. 나를 진료해 주던 의사가 수술실에서 막 태어난 아기의 발목을 자신의 손가락에 끼워 거꾸로 들고 있는 사진이었다. '저렇게까지 할 필요가 있을까?' 하는 의문과 함께 호기심이 생겨났고 그때부터 임신과 출산에 대해 공부하기 시작했다.

책과 인터넷을 통해 다양한 분만법을 알게 되었고 조산사의 도움으로 가정에서 출산할 수 있다는 것도 새롭게 알게 되었다. 그러다 조산원 출산 과정을 담은

'울지 않는 아기' 동영상을 보게 되었다. 마치 일상의 일처럼 서두르지 않고 자연스럽고 평화롭게 출산하는 모습을 보며 엄마와 아기가 출산의 주인공이라는 것을 확인할 수 있었다. 알면 알수록, 나도 그렇게 하고 싶다는 소망에서 점점 나도 할 수 있겠다는 확신으로 기울어 갔다.

아기가 엄마 자궁을 나와 처음 만나는 세상은 두려운 곳일 수도 있다. 그런데 출산이 촌각을 다투는 일인 것처럼 서두르는 분위기, 태어나자마자 부모의 동의 없이 허벅지를 찌르는 주사 바늘을 아기가 경험하지 않았으면 했다. 또한 밝은 빛, 제모, 관장, 회음부 절개 등이 산모보다는 의료진을 위한 것임을 깨닫자 내가 주체가 되어 출산해야겠다는 결심을 굳힐 수 있었다. 하지만 확고한 내 의지와는 달리 남편은 위험한 상황에 대비할 수 있는지 물으며 조산원 출산을 반대했다. 그때부터 병원과 조산원 출산의 장단점을 비교해 가며 남편을 설득했다.

출산 예정일 두 달 전, 조산원 출산 교실에 남편과 함께 참석했다. 그곳에서 남편은 생애 처음으로 임신과 출산은 병원에서 다뤄야 할 병이 아니며 엄마와 아기가 함께하는 과정이라는 사실을 새롭게 알게 되었다. 결국 우리 부부는 아기에게 주체적이고 평화로운 첫 세상 나들이를 선물할 수 있다면 용기를 내 볼 만하다는 결론을 내렸다.

그러던 어느 날 드디어 소식이 왔다. 진통이 극에 달했을 때 남편은 조산원 원장님과 간간이 전화를 주고받더니 "이제 가자!" 하며 짐을 챙겼다. 출산 직전까지 출근하느라 짐을 미처 싸지 못했는데, 진통하면서 여기저기 흩어져 있던 물건들을 남편에게 알려 주는 것이 너무나 힘들었다. 진통이 중간중간 그쳐 잠깐씩 눈뜰 수 있을 때 조산원에 가져갈 물건들을 가방 위로 획획 던져 주고는 겨우 출발할 수 있었다.

그리고 나서 조산원에 도착하니 자궁문이 10센티미터 열렸다고 했다. 이런 상태로 걸어 들어온 사람은 손에 꼽힌다며 장하다고 칭찬받았다. 나는 방에서 마음대로 걷기도 하고 의자에 앉아 있기도 하며 한 시간 반가량 혼자 진통을 겪었다. 그러는 동안 남편은 곁에서 도와주고 싶어 했지만 할 수 있는 게 아직 없었다. 남편의 도움이 필요했던 건 출산이 임박해서였다.

"이제 남편이 아내 뒤에서 잡아 주세요."

조산사의 지시에 따라 남편은 진통이 올 때마다 나와 함께 힘을 주었다. 출산하려고 애쓰는 내 몸이 신비로웠다. 마치 이때를 위해 준비해 온 것처럼 내 몸이 익숙하게 움직였다.

진통이 느껴질 때마다 죽을힘을 다해 힘을 주자 갑자기 골반이 꽉 차는 느낌이 들었다. 조산사와 남편이 아기 머리가 보인다고 외쳤다. 조산사는 내 손을 끌어다 아기의 머리에 대어 주었다. 조심스럽게 아기의 머리카락을 만져 보았다. 촉촉한 머리카락과 둥그스름한 아기의 머리가 만져졌다.

'다 나왔구나……'

그 후로 몇 번의 진통이 왔고, 다시 한 번 힘을 주자 아기가 미끄러지듯 세상에 나왔다.

'야호, 내가 해냈다!'

내 배 위에 엎드린 아기는 놀라서 조금 울더니 이내 울음을 그치고 떠지지 않는 눈을 애써 치켜뜨며 나를 올려다보았다.

"아가야, 내가 엄마야."

뜨끈한 탯줄에서는 맥이 느껴졌다. 나는 순간 아기 천사를 보내 주신 주님께 감사 기도를 드렸다.

조산사 곁에서 능숙하게 조교 역할을 하던 남편은 아기에게 쓴 편지를 꺼내 읽었다. 나는 연신 아기를 살피느라 정작 그날 남편이 읽은 편지 내용은 하나도 생각나질 않는다. 다만 아기에게 하는 말만 있고 아내에

게 감사와 사랑을 표현하는 인사가 없어 내심 섭섭했던 기억만 난다.

나는 자연스럽고 편안한 상태로 아기를 맞이하였다. 그날 밤, 곁에 누운 아기의 바스락거리는 소리에 우리 부부는 잠을 한숨도 못 잤다. 나중에 보니 아기가 태변을 싸고 기저귀를 갈아 달라는 신호를 보낸 것이었는데, 초보 엄마와 아빠가 미처 몰랐던 것이다. 아기의 기저귀를 갈아 주며 앞으로 너를 잘 알아 가겠다고, 우리에게 와 줘서 고맙다고 인사했다.

아이와 함께 자라는 엄마

빠져나가는 최상의 방법은 뚫고 나가는 것이다.

로버트 프로스트

아이를 건강하게 출산했다는 기쁨은 잠시였다. 육아를 시작하며 가장 먼저 느낀 감정은 좌절감이었다. 아무리 노력해도 모유가 늘지 않아 나는 매일 울상이었다. 모유를 잘 나오게 해 준다는 음식을 먹고 마사지를 받아도 변화가 없자 점점 더 지쳐 갔다. 결국 두 달 만에 모유를 끊고 분유를 먹여야 했다. 끊었다는 표현을 썼지만 젖몸살도 없이 저절로 모유량이 줄어 버렸다.

다른 엄마들은 모유만 수유하거나 그 양이 적을 경우 분유와 함께 먹인다는데, 나는 아이에게 그렇게 해 줄 수 없었다. 분유만 먹이니 죄책감이 들었고 아이 건강에 좋지 않은 영향을 끼치는 것은 아닐지 걱정이 되었다.

걱정과 불안, 초조감이 이어지다 결국 산후 우울증이 생겼다. 아이에게 가장 좋은 것을 주고 싶은 내 바람과 그것을 해 줄 수 없는 현실이 상충하자 아이와 함께 있어도 즐겁지 않았다. 아이에게 최선을 다하지 못하는 부족한 엄마라는 생각에 자괴감이 들고 아이와 단둘이 집 안에서 지내는 게 갑갑했다.

어느 날부터는 남편이 대문을 열고 들어오는 소리가 들리기만 하면 눈물이 쏟아지기 시작했다. 남편의 눈을 똑바로 쳐다보지도 못하고 엉엉 우느라 낮 동안 차곡차곡 모아 두었던 말들을 한마디도 하지 못하는 날들도 있었다.

이쯤 되자 남편은 집안일을 돕고 아이를 돌보며 내가 쉴 수 있는 시간을 만들어 주려고 노력했다. 그러면서 모유 수유에 대한 집착을 버리고 육아를 즐길 수 있는 방법을 찾아보라고 권했다. 하지만 모유 수유는 차치하더라도 부족한 수면 시간과 불규칙한 식사, 아이에게서 자유로울 수 없는 내 처지를 바꿀 수 있는 방법은 아무것도 없어 보였다. 아이에게 내가 길들여지는 수밖에 없었다.

생후 50일이 지나자 아이는 밤에 6시간씩 자기 시작했다. 그리고 낮에는 내 품에서 한두 번씩 낮잠을 잤다. 먹는 분유량도 일정해져서 아이가 울면 나는 분유 몇 숟가락에 물 몇 cc 하는 식으로 분유를 능숙하게 타서 아이에게 젖병을 물렸다. 빨갛던 아이는 점점 살이 허옇게 올랐고, 나와 눈이 마주치면 방긋방긋 잘도 웃었다. 그러자 빽빽 울어서 귀찮고 성가시던 아이가 차츰 예뻐 보이기 시작했다.

그러나 아이와 함께 있어도 내 안에서는 채울 수 없는 무언가가 꿈틀거렸다. 현재를 즐기자고 매 순간 나를 다독여도 그 감정이 잠잠해지기는커녕 오히려 나를 뒤흔들어 놓았다. 아이의 존재가 부담스러워 이러한 엄마 역할이 언제쯤 끝날까 계산해 보기도 하고, 절대 엄마 역할에만 만족하는 삶을 살지는 말자고 다짐하기도 했다.

내가 아프든 말든 시간은 흘렀다. 출산 전은 매서운 바람이 불던 겨울이었는데 어느새 잔잔한 바람에 벚꽃잎이 흩날리는 계절이 왔다. 드디어 일터로 돌아갈 시간이었다. 친정어머니가 아이를 첫돌 때까지 돌봐 주기로 하셔서 나는 석 달간의 출산 휴가 후 일터로 돌아갈 계획을 세워 놓았다.

그런데 그렇게 하려면 친정집으로 들어가 그곳에서

출퇴근해야 했다. 그리고 남편과는 주말에만 만나야 하는 생활을 감수해야 했다. 아이의 정서만큼이나 경제적인 부분을 무시할 수 없었기 때문이다. 게다가 우울감을 떨쳐 내려면 변화가 필요하기도 했다. 결국 우리 가족은 뿔뿔이 흩어지고 말았다.

그렇게 해서 아이는 백일 무렵부터 첫돌 때까지 외할머니 댁에서 자랐다. 나는 하루 종일 힘들 친정어머니를 생각해 퇴근하면 곧장 집으로 갔다. 남편은 남편대로 집에 아무도 없으니 늦게 퇴근해 집에서는 잠만 자고 나가기 일쑤였다. 아이를 마음 놓고 맡길 수 있으니 다행스러웠지만 남편과 아내 역할에 충실할 수 없는 이 시기가 우리 부부에게는 정체기였다.

물론 그동안 산후 우울증을 이겨 내고 아이를 돌보는 일에 익숙해지면서 자신감이 생겨 엄마로서는 성장할 수 있었다. 또한 직장에서 동료들을 만나고 일을 통해 성취감을 맛보면서 아이에게 쏟을 에너지를 충전할 수 있었다. 하지만 그러는 중에도 아이에게는 아빠가, 내게는 남편이 필요하다는 생각이 계속 들었다.

아이는 생후 13개월 때부터 성당에서 운영하는 어린이집에 다녔다. 첫 주에는 친정어머니가 아이와 함께 한두 시간 어린이집에서 지내다가 집으로 데려와서 보살펴 주셨다. 그 후로는 내가 출퇴근할 때 아이를 어린이집에 데려다주고 데려왔다. 내 시간에 맞춰 아이는 하루 10시간씩 어린이집에서 보냈다.

아이는 내가 걱정했던 것보다 훨씬 잘 먹고 잘 놀았다. 적응이 필요한 것은 오히려 나였다.

내가 처음으로 아이를 어린이집에 데려간 날이었다. 아이를 어린이집에 두고 나오는데 뺨 위로 눈물이 흘렀다. 아무렇지 않을 줄 알았는데 막상 내 손으로 아이를 맡기니 아이가 엄마를 찾지는 않을까 걱정되었다. 그리고 어린아이를 맡기고 일하겠다는 결정이 과연 올

바른 선택이었는지 망설여졌다. 그날은 하루 종일 아이 얼굴을 떠올리기만 해도 눈물이 흘렀다. 억지로라도 일에 집중하는 수밖에 없었다. 일이 끝나자마자 숨을 헐떡거리며 아이를 데리러 가자 어린이집 선생님이 말씀하셨다.

"하루 종일 연락 한 번 안 하시고 대단하세요."

집으로 돌아가는 차 안에서 아이에게 미안하다는 말만 나왔다. 그 후로도 아이를 어린이집에 보낼 때마다 우리의 선택이 혹시 틀린 게 아닐까 싶어 노심초사했다. 그럴수록 아이와 더 많은 시간을 함께하고 싶다는 마음이 커져 갔다.

아이와 내가 새로운 생활에 잘 적응하나 싶어 마음이 놓일 때쯤 아이가 2주가량 열 감기에 시달렸다. 열이 나는 원인을 확인하려고 들른 병원에서는 아이 증상만 보고 해열제를 처방해 주었다. 혹시나 아이가 엄마와 떨어져 지내면서 생긴 마음의 병 때문에 아픈 건 아닐까 싶어 속상하기만 했다.

그러나 일하는 엄마들이 그렇듯 내게도 별다른 방법은 없었다. 아이에게 어린이집에 가야 하는 이유를 설명해 주고 저녁 때 엄마가 꼭 데리러 오겠다고 약속할 수밖에 없었다. 아이가 이해할 수 있도록 여러 번 반복해서 말해 주었다.

그러다가 아이의 어린이집 생활이 새로운 국면에 접어들었다. 만 0세반은 한 선생님이 세 아이를 돌보고 있었다. 당시 아이와 같은 반 친구들은 엄마들이 휴직 중이라 늦게 등원했다가 일찍 하원하거나 아예 어린이집에 등원하지 않기도 했다. 덕분에 아이는 선생님과 단둘이 산책을 나가거나 품에 안겨 잠들 수 있었고 관심을 독차지할 수 있었다. 그런데 한 엄마가 복직하면서 아이의 상황은 달라졌다.

"다른 아이를 안고 있으면 지훈이가 제 곁을 떠나지 않아요. 어머님이 많이 안아 주세요."

"지훈이가 요즘 많이 힘들어해요. 집에서 관심 많이 가져 주세요."

그날부터 어린이집 선생님은 아이를 걱정하는 말을 수첩에 적어 주었다. 그리고 아이를 데리러 갈 때마다 다른 반 선생님들도 걱정스럽게 말하곤 했다.

며칠 지나지 않아 아이는 저녁에 먹은 우유를 새벽에 토하고 말았다. 우유 대신 감잎차를 주었더니 조금 호전되는 것 같았다. 그러나 아이는 우유를 먹지 못해서 배가 고팠는지 어린이집에서 하루 종일 칭얼댔다고 했다. 그래서 어린이집 선생님의 조언에 따라 두유를 먹여 보았다. 아이가 선생님의 관심을 받고 싶어서 아픈 것 같아 가슴이 아렸다.

그렇게 며칠이 지난 뒤 아이를 차에 태워 어린이집에 가려는데, 아이가 아예 카시트에 앉지 않겠다며 몸부림쳤다. 완강히 거부하는 것을 힘으로 제압해 앉힐까 싶었지만 그렇게 하면 마음이 편하지 않을 것 같았다. 그래서 아이를 차 밖에 세우고 물어보았다.

"어린이집에 가기 싫어?"

"응."

순간 머릿속이 복잡했다. 휴가를 내고 집에서 쉬면서 아이 마음을 읽어 줄지, 오전에만 아이가 원하는 대로 해 주고 오후에는 출근할지 고민스러웠다. 하지만 그날 회사 일정을 떠올려 보니 도저히 쉴 수 없는 상황이었다.

일단 아이를 유모차에 태워 근처 가게로 갔다. 어떻게 해야 할지 고민하기 위해서였다. 두유를 사서 가게에서 나올 때 어린이집에 갈지 다시 물었더니 아이는 몸을 반대로 휙 돌려 버렸다. 하는 수 없이 아이가 손가락으로 가리키는 쪽으로 유모차를 밀며 걸었다.

한 번도 가 본 적이 없는 길에 들어서자 조용한 정자가 나타났다. 아이는 유모차에서 내려 그곳으로 뛰어갔다. 시간이 멈추고 세상에 아이와 나 단둘만 존재하

는 것 같았다.

잠시 후 타박타박 앞서 걸어가는 아이를 나도 뒤쫓아 갔다. 아이를 어떻게 어린이집에 보낼지 걱정하며 걷는데, 아이가 내게 쪼르르 달려와 두유를 달라고 했다. 아이를 유모차에 앉힌 다음 두유에 빨대를 꽂아 건네주었다.

천천히 유모차를 밀어 차가 세워진 곳까지 돌아와서 아이에게 다시 물었다.

"우리 지훈이, 이제 어린이집에 가 볼까?"

아이는 빨대를 물고는 아무 대답이 없었다. 나는 아이를 가만히 들어 카시트에 앉혔다. 그러자 아이는 내가 안전벨트를 채울 수 있도록 순순히 기다려 주었다. 그 길로 차를 몰아 아이를 어린이집에 데려다주고 출근할 수 있었다.

그때 나는 아이의 마음을 처음으로 읽을 수 있었다. 아이와 내가 모두 만족하는 상황을 이끌어 낸 게 놀라웠다. 그 후로 나는 아이의 마음을 살피는 습관이 생겼다. 그게 바로 육아이자 엄마의 역할이라고 믿게 되었다. 이렇게 나는 아이와 함께 자라게 되었다.

마음을 읽는 감정 코칭

누군가 내 마음을 이해해 주는 것보다 더 큰 위안은 없다.
조지 산티야나

나는 감정이 나쁜 것인 줄 알았다. 그래서 다른 이들이 눈치채지 못하게 혼자만 알고 있어야 하는 비밀스러운 것이라고 생각했다. 그렇다 보니 간혹 좋거나 싫은 것을 표현해야 할 때면 상대방의 기분을 먼저 살펴야 했다. 감정을 억누르자 느끼고 표현하는 법을 점점 잊게 되었고, 건강한 자아상을 갖지 못한 채 어른이 되었다.

내가 태어났을 때 부모님은 해외에서 공부하는 학생 신분이었다. 그렇기 때문에 나와 많은 시간을 보낼 수 있는 여건이 아니었다. 그래서 부모님이 유학 생활을 마치실 때까지 나는 거의 하루 종일 보육 기관에서 지냈다. 어른이 된 후에 상담받을 기회가 있었는데 그때 만난 상담사는 부모가 유학 중에 양육한 자녀들한테서 종종 나와 같은 사례들이 발견된다고 했다.

치유의 여정을 걸어오면서 깨닫고 인정하게 된 점은, 어린 시절 나는 부모와 애착 관계를 안정적으로 만들지 못했다는 것이다. 또한 감정을 인지하고 표현하며 건강하게 해소하는 방법을 배우지 못한 채 어른이 되었다는 것도 깨달았다. 나는 성인이 되어서도 부모님과의 관계에서 해소되지 않는 갈증을 느꼈다. 이런 나의 태도는 아이를 키우며 아이에게 그대로 투영되었다.

아이가 제 아빠에게 혼날 때면 어린 시절의 내가 보였다. 분명 아이가 잘못한 일인데도 아이는 자신의 입장을 억울하다는 듯 설명하며 울먹였다. 그때 아빠는 아이의 감정보다는 잘잘못을 바로잡는 데 치중했고, 그 순간 나는 아이의 마음에 동화되어 따라 울 수밖에 없었다. 나는 아이가 감정을 인지하여 건강하게 표출하고 해소하는 법을 익힐 수 있도록 감정을 지도해 줘야겠다고 결심했다.

　세 돌 전까지는 주로 아이의 감정을 살피고 아이 입장에서 그 감정에 이름을 지었다. 뛰다가 넘어지면 아프겠다, 놀이하다 실패하면 속상하겠다는 이름을 붙였다. 그리고 그 감정 표현 뒤에 어른의 판단을 넣지 않으려고 노력했다. 예를 들면 "그런 일로 우는 거 아니야.", "괜찮아."라는 말을 경계했다. 그 대신 아이가 감정에 푹 몸을 담갔다가 나올 수 있도록 기다려 주었다.

　아이가 말할 줄 알게 되면서부터는 사건과 감정을 말로 표현할 수 있도록 도왔다. "친구가 장난감을 뺏어 가서 속상했구나.", "블록을 높이 쌓으려고 했는데 잘

안 되서 슬프구나." 하고 먼저 말해 주었더니 나중에는 아이 스스로 사건과 감정을 한 문장으로 잘 표현했다.

아이는 자기 고집이 생기면서부터 화가 났을 때 물건을 던지거나 나를 때리기 시작했다. 이때부터는 감정을 건강하게 해소하는 법을 알려 주었다. 화가 나더라도 자해하거나 남을 해치는 행동은 절대 해서는 안 된다고 설명해 주었다. 물론 한 번 얘기한다고 그대로 지키지는 않았지만 상대방과 자신의 안전을 위협하는 행동은 하면 안 된다고 지속적으로 이야기해 주었다.

다섯 살 무렵부터 아이는 자신이 바라는 바를 관철시키기 위해 부모와 협상하기 시작했다. 우리는 무조건 안 된다고 하지는 않았다. 아이가 납득할 수 있는 이유를 대면 규칙을 유연하게 적용했다.

먼저 아이의 요구를 정확하게 파악하려고 노력했다. 예를 들어 애니메이션을 보다가 약속한 시간이 지났는데 한 편 더 보고 싶다고 할 경우에는 약속을 상기 시킨 후에 안 된다고 한다. 당연히 아이는 떼를 쓰기 시작한다. 그러면 무엇을 보고 싶은지 구체적으로 제목을 물어본다. 이때 제목을 대지 못하면 다른 놀이를 제안하고, 보고 싶은 것이 확실할 때는 다음 날 또는 주말에 보자고 약속한다. 약속한 날이 되면 반드시 약속을 지켰다.

한번은 아이와 약속한 것을 사러 장난감 가게에 간 적이 있다. 그런데 아무리 둘러봐도 사 주기로 한 장난감이 없었다. 등에 땀이 나고 아이가 바닥에 드러눕지는 않을지 조마조마했다. 결국 가게를 두세 바퀴 돌다가 아이에게 말했다.

"지금 여기에는 원하는 게 없으니까 다음번에 그 장난감이 있는 곳에 가서 사자."

예상 외로 아이는 고개를 끄덕이더니 내 손을 잡고 가게 밖으로 순순히 나왔다. 아이의 의젓한 모습에 놀라 떼쓰지 않아서 고맙고 다음에 꼭 사 주겠다고 다시

한 번 약속했다. 그리고 그날 저녁에 남편에게 낮에 있었던 일을 이야기하자 남편은 전에도 아이가 그런 적이 있었다고 말했다.

대체로 약속하고 나면 아이는 더 이상 그 문제에 연연해하지 않는다. 기질적인 면도 있겠지만 그동안 감정의 앙금이 남지 않도록 살펴 주었고, 또 부모가 약속을 지키리란 것을 믿게 해 주었기 때문일 것이다. 특별한 방법은 아니지만 어릴 때부터 꾸준히 일관성을 갖고 아이를 대한 것도 좋은 영향을 미쳤을 것이다. 잊지 말아야 할 점은 부모가 원하는 대로 아이를 끌고 가는 방식이 아니라 아이의 생각과 감정을 존중하는 방식으로 감정을 지도해야 한다는 것이다.

한번은 아이가 이만큼 자랐구나 싶어서 놀란 적이 있다. 잠자리에 누웠는데 아이가 책을 읽어 달래서 직접 골라 오라고 했다. 아이가 어두워서 읽고 싶은 책을 고를 수 없다고 해 전등을 켜라고 하자, 아이는 스위치로 손을 뻗다가 뭔가 생각난 듯 갑자기 손을 내리더니 나를 돌아보며 말했다.

"불 켜면 눈부시니깐 조금만 참아."

불을 켜고는 내가 눈을 꼭 감고 있는 모습을 확인하자 이번에는 겸연쩍은 듯 뒤통수를 긁으며 한마디 했다.

"미안해."

그러고는 이내 읽을 책을 고르면서 혼잣말처럼 중얼거렸다.

"에이, 불 켜지 말 걸 그랬네."

잠시 세상이 멈춘 것 같았다. 책을 고르는 데 열중한 아이의 움직임만 보였다. 연인을 대하듯 사랑스럽고 조심스럽게 말하는 아이가 예뻐 보였다. 또 상대방의 감정을 잘 살피고 배려하는 아이의 태도를 보니 대견하고 고마운 마음도 들었다.

또 한번은 아이가 감정을 건강하게 해소하는 법을

터득했다는 걸 확인한 적이 있다.

아이는 이야기를 만들어 노는 것을 좋아했다. 그중 으뜸은 레고 놀이인데 블록을 이리저리 끼워 맞춰 기능이 다른 로봇들을 만들어 냈다. 엄마가 갓난쟁이를 돌보듯 그것들을 어찌나 애지중지 다루는지 엄마, 아빠 발에 채여 로봇이 망가지는 소리가 나면 자다가도 벌떡 일어나 재빨리 수리할 정도였다.

어느 날엔가는 자신이 그 로봇 역할을 맡고 나에게는 마을 사람들 역할을 시켰다. 평소에 나는 로봇의 공격으로 마을이 초토화되었다가 마을 사람들이 힘을 모아 마을을 재건하는 방향으로 이야기를 이끌어 갔다. 그런데 그날은 항상 당하기만 하는 마을 사람들을 선동해서 내가 먼저 로봇을 공격했다. 로봇은 팔이 떨어져 나가고 허리가 부러져 형체를 알아볼 수 없어졌다.

"이렇게 공격하는 게 어딨어!"

큰 소리 치는 아이 얼굴이 붉으락푸르락 달아올랐

다. 놀이하다 그런 거니 이해하고 넘어갈 수 있을 거라고 예상했는데, 아이는 씩씩대며 엄마를 쏘아봤다. 그리고 로봇을 수리하면서 "나 화났어!" 하고 분명하게 알려 왔다.

그 순간 나는 무안해져서 기어들어가는 목소리로 "알겠어. 그럼 엄마는…… 기다릴게." 하고 말했다. 그제야 아이는 "나 화 풀리면 알려 줄게." 하고는 곧바로 "나 화 풀렸어. 이제 다시 놀자!" 했다. "네 기분만 좋아지면 다냐? 내 기분은 안 풀렸어."라고 말하고 싶었지만 꾹 참고 "엄마는 아직 기분이 좋아지지 않았어."라고 말했다. 그러자 아이가 갑자기 무언가 고민하는 듯 손가락으로 제 턱을 톡톡 치며 말했다.

"엄마는 뭘 하면 기분이 좋아지더라?"

그 순간 가슴이 벅차올랐다. 내가 성인이 되어서야 깨달은 것들을 아이는 이미 알고 있는 듯했다. 기분은 좋았다가도 나빠지고, 나빴다가도 좋아질 수 있다는

걸, 그리고 스스로의 노력으로 기분을 바꿀 수 있다는 걸 말이다.

나는 이것을 몰라 스스로를 괴롭히고 치유하느라 많은 시간을 보내야 했다. 하지만 아이는 그 사실을 알고 있었기 때문에 기분이 좋지 않은 상태에 오래 머물지 않았고 또한 엄마의 기분이 좋아지도록 도울 수도 있었다.

"아, 맞아. 엄마는 책 읽으면 기분 좋아지더라. 자,

이 책 읽어 봐."

아이는 자기 책을 한 권 들고 와서는 내게 읽으라고 주었다. 그날 아이와 나란히 누워 그 책을 다 읽고는 방긋 웃으며 다시 레고 놀이를 할 수 있었다.

이처럼 부모가 감정을 허용하고 건강하게 해소할 수 있는 기회를 마련해 주면 아이는 감정을 조절하는 방법을 스스로 터득한다. 이제 아이는 나보다 20년을 더 앞서가게 되었다.

아이의 비밀

아이와 부모 사이의 무조건적인 결속력은
부모의 희생에서 나오는 것이 아니라,
애정 어린 보살핌을 받고 싶어하는 아이의 성장 욕구에
부모가 기쁘게 응답할 때 비로소 생겨난다.

마사 하이네만 피퍼

아이는 집에서 옷을 잘 입지 않는 버릇이 있었다. 몸에 열이 많아서인지 외출했다 돌아오면 답답하다고 옷을 홀랑 다 벗어 놓고, 잠자리에서는 이불의 감촉을 느껴야 한다며 알몸으로 자기 일쑤였다. 남편과 내 앞에서만 그렇게 행동해 대체로 그냥 놔두었지만 집안 어른들은 아이의 그런 행동을 걱정하셨다. 아이가 크게 아픈 적은 없어서 괜찮다고 해도 언제나 아이의 알몸은 이야깃거리가 되었다.

그날도 마찬가지였다. 여느 때처럼 아이의 외할머니, 외할아버지와 영상 통화를 했다. 아이 버릇을 알고 있는 외할머니는 영상 통화를 할 때마다 손자가 옷을 입고 있는지부터 확인하셨다.

"우리 지훈이 또 옷 안 입었네. 추워, 얼른 옷 입어."

외할머니와 외할아버지는 아이에게 얼른 옷을 입으라고 성화였다. 그러자 아이가 이리저리 도망치며 숨었고 나는 그런 아이를 쫓으며 계속 카메라를 비췄다. 팔불출 엄마의 놀림 반 주책 반인 행동이었다. 그런데 더 이상 숨을 곳이 없자 아이는 휙 돌아서더니 크게 외쳤다.

"엄마, 부끄럽단 말이야. 하지 마!"

순간 씩씩거리며 성큼성큼 건넛방으로 가는 아이의 뒷모습을 보니 무안해졌다. 얼른 전화를 끊고 아이에게 달려갔다.

"미안해. 많이 부끄러웠어?"

"응!"

한동안 분한 듯 화난 표정을 한 아이에게 연신 미안하다고 사과했다. 아이가 사과를 받아 주면서 상황은 종료되었다. 그러고 나서 얼마 후, 정신과 의사이자 심리 치료사인 폴 투르니에가 쓴 《비밀》을 읽다 이때의 일이 생각나 얼굴이 화끈거렸다.

세월이 흐르고 아이는 자란다. 초등학교에 입학하고 마침내는 혼자서 학교에 다닌다. 아이는 이제 한 개인이 되기 위해서 부모로부터 서서히 자유로워져야 한다. 이때 아이가 간직한 비밀들은 아이의 독립에 필수적인 도구가 될 것이다. 아이는 부모가 모르는 비밀을 간직하는 만큼만 자아에 대해 의식하게 된다. 아이의 비밀을 존중하는 것은 아이의 독립성을 존중하는 것이다. 아이가 통제받는 상태에 머물러 있고 어떤 것도 감히 부모에게 숨길 엄두를 내지 못한다면, 부모에 대해 아직 유아적 의존

상태에 머물러 있는 것이다. 아이는 어느 날 갑자기 귀찮은 듯 엄마의 질문에 짜증을 내게 된다. 이제 막 시작하려는 개인적인 삶에 침범해 들어오는 엄마에게 저항하는 것이다. 비밀스러움을 침범하는 모든 행위는 독립성을 침범하는 행위다.

《비밀》(폴 투르니에 글, 소승연 옮김, 한국기독학생회출판부)

아이가 감추고 싶어 하는 비밀을 지켜 주지 않은 내 행동이 부끄러웠다. 무지해서 아이의 성장을 방해하는 부모인 것 같아 자책할 수밖에 없었다. 또한 어릴 적 부모님이 친척들에게 내 이야기를 할 때 느꼈던 부끄러움과 수치스러움은 까맣게 잊어버리고 내가 아이에게 똑같이 행동했다는 사실에 질겁했다. 독립된 인격체로 존중받고 싶었던 어릴 적 내 모습을 기억하며 아이에게만큼은 절대로 같은 상처를 주지 않겠다고 다짐했었는데 소용없었던 것이다. 이 일이 있은 뒤부터 나는 아이를 더욱 세심하게 살폈다. 아이의 비밀 단지를 모른 척하기 위해서 말이다.

그러나 이런 노력에도 아이가 감추고 싶어 하는 영역을 또 한 번 침범한 적이 있었다. 낮에 엄마와 떨어져 어린이집에서 생활하는 아이가 어떻게 지내는지 유독 궁금한 날이 있다. 그럴 때면 선생님에게 매일 묻고 확인하는 게 곤란해 가끔 아이에게 넌지시 물어본다. 그날도 그런 이유로 아이에게 슬쩍 말을 건넸다.

"오늘은 어떻게 지냈어?"

"그냥…… 뭐……."

"친구들이랑 재미있게 놀았어?"

"응."

대답이 시큰둥했다. 고작 네 살짜리 꼬마 아이가 마치 남자인 양 대답만 짤막하게 하니 엄마의 궁금증은 더 증폭됐다. 결국 하원할 때 선생님을 붙들고 아이가 잘 지낸다는 말을 듣고서야 안심했다.

"오늘 친구들이랑 인형극 봤다며?"

아이의 비밀

"……."

"친구랑 손 꼭 잡고 재미있게 봤다더라?"

"엄마!"

"응?"

"그거 어떻게 알았어?"

흠칫 놀라는 아이 모습에 내가 덩달아 더 놀랐다. 특별히 숨길 이유가 없었는데도 아이는 내가 어린이집에서 있었던 일을 알고 있다는 사실에 방어적으로 변했다. 그러고는 "회사 안 가고 교실에서 나 보고 있었어?"라고 물었다.

'아차, 또 선을 넘었구나. 또 아이만의 세상을 침범했구나.'

이 두 가지 일을 통해 나와 함께하지 않은 시간에 대해서는 더 이상 캐묻지 않으려고 노력하게 되었다. 또한 아이에게 질문하기 전에 아이의 대답을 예상해 보았다. 아이가 대답하기 곤란한 질문을 하지 않기 위해

서다. 그래서 집으로 가는 길에 아이와 주고받는 말도 이렇게 바꿨다.

"엄마는 지훈이가 많이 보고 싶었어."

"우리 이제 집에 가서 뭐할까?"

이렇게 아이가 자라면서 아이만의 세계가 만들어지는 것을 곳곳에서 발견하게 된다. 아이는 스스로 할 수 있는 게 점점 많아지면서 혼자 힘을 발휘해 보고 싶어 했다. 그럴 때마다 성급하게 개입하는 나를 발견하곤 한다. 아이의 느린 속도를 참지 못해, 때로는 근사한 결과를 만들어 내기 위해 나는 아이가 홀로 서는 연습을 방해했던 것이다.

예전에 TV에서 우리나라 부모와 외국인 부모의 차이를 본 적이 있다. 우리나라 부모와 외국인 부모의 태도가 확연히 달라 그 실험 결과가 인상 깊었다.

실험은 간단하다. 아이에게 혼자 풀기에는 조금 어려운 퍼즐 문제를 준다. 단, 이때 부모는 아이가 문제를

풀 때 도와주면 안 된다. 실험실에 아이와 단둘이서만 있을 때 우리나라 부모와 외국인 부모의 태도는 어떻게 달랐을까.

우리나라 부모는 바로 퍼즐에 손을 대어 아이 대신 모든 조각을 맞춰 주었다. 하지만 외국인 부모는 아이가 도와 달라고 해도 혼자 해 보라고 딱 잘라 말했다. 이러한 행동의 차이는 생각의 차이에서 비롯된다고 한다. 우리나라 부모는 아이의 성공을 자신의 성공과 동일시하는 정도가 높고, 외국인 부모는 아이를 독립된 개체로 인식하기 때문에 아이의 성취를 부모의 행복과 연결하지 않는 것이다.

나 역시 아이가 또 하나의 나라는 생각에서 벗어나지 못한다. 아이가 잘하든 못하든 스스로 하도록 내버려 둬야 하는데 잘하지 못하는 걸 보면 입이 근질거리고 손이 꼼지락거린다. 사실 아이를 속속들이 알고 싶어 했던 것은 아이를 내 것이라고 여겼기 때문이다.

하지만 자신의 세계에 침범하는 부모를 온몸으로 방어하는 아이를 보며 깨달았다. 아이에게 응원의 눈빛을 끊임없이 보내면 아이는 스스로 나아갈 힘을 얻고, 그 힘을 발판으로 삼아 자신의 세계를 구축해 마침내 홀로 서게 된다는 것을 말이다.

부모는 그저 아이가 자라는 것을 곁에서 지켜봐 주고 아이를 칭찬하며 박수만 치면 된다. 그것만으로도 충분하다.

권위 있는 부모 되기

얼마나 많은 사람들이 불가능한 일이라고 말하는지,
얼마나 많은 사람들이 그 일을 이미 시도했는지
그것은 상관없다. 자신이 그 일을 할 때는 그것이
자신의 첫 번째 시도임을 아는 게 중요하다.

월리 아모스

어릴 적, 아버지는 화가 나시면 언성을 높여 나를 꾸짖으셨다. 평소에는 다정다감하고 이성적이라는 평을 듣는 분이셨다. 하지만 내가 당신의 기대에 어긋나는 행동을 하면 솟구치는 화를 주체하지 못해 무력을 쓰며 내가 일언반구 대꾸할 틈을 주지 않으셨다. 그때마다 할 말을 다하지 못해 억울했지만, 더 큰소리가 날까 봐 걱정하는 어머니가 시키시는 대로 "잘못했습니다."라고 말한 후에야 아버지에게서 벗어날 수 있었다.

그러면서 나는 차츰 아버지의 눈치를 살피게 되었다. 아버지의 기분에 따라 그날의 내 태도를 결정하게 된 것이다. 그래서 식사를 하거나 TV를 보면서도 내 안테나는 항상 아버지를 향해 있었다.

그런 아버지의 영향으로, 나이가 들면서 직위와 나이를 내세워 대우받기 원하는 '권위적인 어른'들을 점점 경계하게 되었다. 상대방이 권위적인 모습을 내비치지 않아도 나는 지레 겁을 먹었다. 그런 사람들 앞에서는 하고 싶은 말을 한마디도 못하고 휘둘릴 것 같았기 때문이다.

그러다 보니 수직적인 관계인 직장 생활에서 어떻게 처신해야 할지 알 수 없을 때가 종종 있었다. 한번은 상사가 터무니없는 날짜를 마감일로 정해 일을 지시한 경우가 있었다. 그 날짜로는 도저히 무리여서 야근을 해야 하고 완성도도 떨어지리라는 것을 알면서도 상사의 입장을 먼저 헤아려 지시한 대로 하고 말았다.

또한 친목이 중요한 수평적인 자리에서도 내 태도는 문제가 되었다. 어른들에게 먼저 다가가는 것뿐만 아니라 그들이 내밀어 주는 손을 잡는 것도 어려워했기 때문이다. 선배 역할도 마찬가지였다. 선배나 언니로 불리기만 해도 얼굴이 굳어지며 어떻게 행동해야 할지 난감했다. 혹시라도 내 행동이 권위적으로 비치지는 않을까 걱정부터 들었다.

그랬기 때문에 배우자를 고르는 데 더욱 신중할 수밖에 없었다. 특히 상대방이 화가 났을 때 어떻게 행동할지 가장 궁금했다. 폭력적이고 권위주의적인 사람과는 일생을 함께할 수 없을 것 같았다.

그래서 나는 지금의 남편과 연애할 때 도저히 이해할 수 없는 상황이 되었을 때 그의 반응이 어떤지 살폈다. 그러고는 그가 화나는 상황에서도 내 말을 끝까지 들어주는지, 다투고 난 후 관계 회복을 위해 어떤 노력을 하는지 유심히 관찰했다. 연애를 시작하고 3년 정도는 그런 불안감에 대해 털어놓지 못하고 그를 계속 지켜보았다. 그만큼 나를 존중해 주고 배려해 주는 사람을 만나고 싶다는 간절함이 컸다.

8년 동안 연애하며 지켜본 그는 어떤 상황에서도 내 말에 귀 기울여 주고 먼저 사과할 줄 아는 사람이었다. 한결같은 모습을 보여 준 그에게 믿음이 생겼고 마침내 결혼을 결심할 수 있었다.

그렇게 심사숙고하여 고른 배우자인데 결혼 후 그가 "어허, 감히 남편한테……." 하며 장난으로라도 권위적인 모습을 보이면 결혼하더니 변했나 싶어 걱정이 되었다. 그래서 21세기 여성의 지위와 맞벌이하는 아내의 공로에 대해 일장 연설을 늘어놓으며 그가 다시는 그러지 못하도록 기선을 제압하려고 했다.

그러던 어느 날, 내가 남편을 부르는 애칭을 아이가

따라 하는 것을 보고 기겁했다. 아이를 낳고 부모가 되어 보니 남편이 아버지의 권위를 지니기 위해서는 남편으로서의 위신이 먼저 서야 했다.

그래서 퇴근 후 현관문을 열고 들어오는 남편에게 "안녕히 다녀오셨어요." 하고 배꼽 인사를 하기 시작했다. 쭈뼛대며 인사를 잘 하지 않는 아이를 위해 내가 먼저 시범을 보인 것이었다. 그런 날이 반복되자 아이는 놀다가도 퇴근하는 아빠에게 공손히 인사했다.

또한 식사 준비를 마치면 내가 먼저 "식사하세요."라고 외친 후에 아이더러 그 말을 아빠한테 전하라고 했다. 그리고 아이가 아빠에게 선물을 받을 때 내가 먼저

"감사합니다." 하고 인사하자 아이도 따라 했다.

그때부터 어린이집 선생님과 친척 어른들을 만날 때면 내가 먼저 인사했고, 주위 사람들에게 '감사하다', '미안하다'는 표현도 자주 했다.

그러자 아이의 일상이 인사로 가득 찼다. 물건을 건네받을 때도 고마워하고, 간식을 먹을 때도 고마워했다. 차가운 방바닥에 이불을 깔아 줘도, 먹다 흘린 음식을 닦아 줘도 아이는 연신 고맙다는 말을 했다. 부모로서 당연히 해 주던 일이 아이의 인사 한마디에 갑자기 큰 의미를 갖게 된 것처럼 느껴졌다.

권위 있는 부모가 되기 위해 실천한 또 다른 방법은 우리 가정 안의 규칙을 설명하고 그것을 지켜야 한다고 알려 준 것이다. 아침이면 아빠와 엄마는 회사에 가고 아이는 어린이집에 가기, 식사할 때는 놀이를 중단하고 가족과 함께 식탁에 앉아서 식사하기 등 생활 습관 같은 것 말이다.

그런데 네 살이 되면서 아이는 무언가를 할 때 자기 뜻대로 하고 싶어 했다. 예를 들면 잠자리에 들기 전에 이를 닦아야 하면 책을 먼저 읽고 나서 하겠다는 식이었다. 그런데 아이는 책을 읽다가 잠들어 버리곤 했다. 이런 일이 반복되다 보니 아이가 의도적으로 그렇게 행동하는 것은 아닌가 싶기도 했다.

그래서 나는 전략을 세웠다. 아이에게 선택권을 주되 둘 중 하나, 혹은 셋 중 하나만을 고를 수 있도록 한 것이다. 이때 중요한 것은 아이가 자신에게 유리한 다른 의견을 말할 경우에도 단호하게 대응하는 것이다.

그렇게 아이에게 안전한 울타리를 만들어 준 한편, 내가 실수하거나 아이에게 상처 주는 말을 했을 때는 바로 인정하고 사과했다. 그러자 아이도 거리낌 없이 감사와 사과의 인사를 하게 되었다.

아이의 행동을 바로잡아야 할 때는 그 상황을 상대방의 입장에서 설명해 주었다. 아이가 어떤 행동을 했을 때 상대방의 기분이 어땠는지, 어떤 생각을 했을지 설명해 주면 아이는 가만히 듣고 있다가 이해한다는 듯 고개를 끄덕였다. 그러자 이제는 나에게 자신의 감정을 알리기 위해 "만약에 엄마가 나라면 어떤 마음이 들겠어?" 하고 물어본다. 그런 말을 들으면 "우리 아가 속상했구나. 엄마가 미안해." 하며 꼭 안아 줄 수밖에 없다.

이렇게 아이와 소통할 때면 정말 좋은 부모가 되고 싶어진다. 아이에게 상처를 주고 싶은 부모는 없다. 권위적인 부모이거나 아이를 방치하는 부모조차도 그 방식이 아이 교육에 좋을 거라는 신념을 갖고 있을 것이다. 그런 점에서, 아이에게 상처 주지 않으려고 행동하지만 오히려 그 행동이 아이의 원망을 사지는 않을까 싶어 걱정될 때도 있다.

하지만 나는 좋은 부모가 되려고 노력하고 있고 또 앞으로도 좋은 부모가 될 것이다. 아이를 존재 자체로 사랑하고 매 순간 아이의 흥미를 좇으며 성장을 도우려고 노력하기 때문이고, 또한 부모의 권위로 아이의 안전과 행복을 지켜 주려고 노력하기 때문이다.

언젠가 아이가 자신과 엄마는 친구 사이 같다고 했을 때 언제든 아이의 이야기를 들어 주고 친구처럼 놀 준비가 되어 있다는 것을 아이가 알아 주었다는 생각에 기분이 좋았다.

권위는 스스로 내세우는 것이 아니라 상대방이 세워 주는 것이라고 한다. 권위는 있되 거리감은 없는 친구 같은 부모가 되고 싶다. 인생 선배로서 아이의 앞길에 대해 조언해 줄 수 있는 부모가 되고 싶다.

아이가 나의 이런 모습을
기억해 주었으면

부모의 태도만이 아이에게 깊은 인상을 남길 뿐입니다.

볼프강 펠처

아이가 날 어떤 모습으로 기억하길 바라는지 고민하게 된 것은 책을 읽다가 만난 한 구절 때문이었다.

내가 기억하는 엄마의 품은 늘 따뜻하였다. 그리고 늘 부드러웠다. 끈적여도 덥지 않고 땀내조차 달콤하였다. 그 품에서는 툭하면 잠이 쏟아졌다. 나는 내 아이도 먼 미래에 나를 그저 포

근한 품으로 기억해 주길 바란다.

《욕망이 멈추는 곳, 라오스》 (오소희 글, 북하우스)

아이에게 기억되고 싶은 엄마의 모습이 참으로 소박해서 부러웠다. 나는 어떤 엄마이고 싶은지 답하려니, 어느새 재력과 지력, 거기에 정보력까지 갖춘 슈퍼맘이 되어 있었다.

아이에게 기억되고 싶은 모습을 떠올리다 보니 자연스럽게 친정어머니의 모습이 떠올랐다.

친정어머니는 결혼 전부터 내가 여섯 살이 될 무렵까지 병원에서 간호사로 일하셨다. 그러다 할머니와 함께 살게 되면서 일을 그만두고 살림을 맡아 하셨다. 그때 친정어머니는 지금의 내 나이쯤이셨다. 시어머니와 나이 많은 미혼 조카 둘, 세 아이를 돌보는 큰살림이 녹록지만은 않았을 것이다.

그래도 어머니는 굳건하셨다. 정신이 돌아오면 "내

가 죽어야지." 하며 담벼락 아래 앉아 계시던 할머니가 하늘나라에 가실 때까지 곁에서 병수발을 다 드셨다. "나이 들어서 도시락 싸려니 힘들다. 너는 애 일찍 낳아라." 하시면서도 새벽에 일어나 세 아이의 도시락을 거르지 않고 싸 주셨다. 맛있는 음식은 아버지와 우리에게 나눠 주시고 우리가 원하는 것이 있으면 생활비를 줄여서라도 사 주려고 하셨다. 이렇게 내 어릴 적 기억 속의 어머니는 그 시대의 여느 어머니들처럼 당신보다는 남편과 자식들을 살피는 게 먼저인 분이셨다.

그중 가장 기억에 남는 장면은 내가 학교를 마치고 돌아왔을 때 어머니가 식탁에서 성경을 공부하시던 모습이다. 집안일로 부엌을 바쁘게 오가시는 모습만 보다가 학생처럼 공부하는 모습을 보니 기분이 묘했다. 새로운 발견이라도 한 것처럼 놀라웠다.

아이는 나를 어떤 모습으로 기억해 줄까? 맛있는 요리를 척척 만들어 주고 아이와 즐겁게 놀아 주는 모습

일까, 아니면 엄마 뜻대로 아이를 조종하려고 잔소리를 퍼붓는 모습일까? 나의 평소 모습과 아이에게 기억되고 싶은 모습의 간극이 어느 만큼인지 솔직히 잘 가늠되질 않는다.

"으악, 어떡하지?"

집을 나선 뒤에 깜박 잊어버린 물건이 뒤늦게 떠오르면 반사적으로 비명이 튀어나온다. 잠시 정신을 가

다듬고 하루 종일 불편해질 것을 떠올려 본다. 그러고는 집으로 다시 돌아갈지 아니면 대신할 만한 것을 찾을지 저울질한다. 그러는 사이 "어떡해, 어떡해.", "바보같이 왜 그걸 잊었지." 하며 걱정과 자책의 말을 계속한다.

그런데 그런 엄마를 멀뚱멀뚱 바라보기만 하던 아이가 말을 알아듣고 할 줄 알게 되면서부터 엄마의 태도에 민감하게 반응하기 시작했다.

"엄마, 왜 그래? 무슨 일이야?"

아이는 호들갑을 떠는 엄마를 보며 큰일이라도 난 줄 알았는지 눈을 동그랗게 뜨고 엄마를 살폈다. 엄마가 필요한 물건을 집에 두고 왔는데 없어도 괜찮다고 설명해 줘도, 아이는 돌아가야 하는 게 아니냐며 계속 걱정했다. 엄마에게 닥친 문제를 해결하기 위해 사뭇 진지하게 고민하는 아이를 보며, 엄마인 내가 바라보는 세상을 아이도 똑같이 바라본다는 것을 알게 됐다.

아이가 사는 세상에서 엄마는 전부로구나. 엄마가 웃으면 아이도 따라 웃고, 엄마가 근심에 쌓여 있으면 아이의 표정도 따라서 어두워진다.

한번은 아이가 블록으로 로봇을 만들고 나서 나를 불렀다.

"오, 멋진데. 이번에 만든 로봇은 날개가 있네."

나는 세세한 부분을 알아채 주었다. 그러자 아이는 의기양양한 목소리로 눈을 반짝이며 말했다.

"맞아, 이건 날개가 있어서 하늘을 날 수 있어. 땅에서도 다니고 물속으로도 다닐 수 있어."

이와 반대로 내가 무표정하고 단호하게 혹은 건성으로 "왜?" 하고 물을 때면 아이는 바로 "엄마 화났어?" 하고 물었다. 내가 그렇지 않다고 해도 아이는 "근데 왜 화난 목소리야?"라고 말했다. 내가 화난 얼굴이어도 다정한 목소리로 말하면 정말로 화난 게 아니라는 것을 아이는 알아챘다.

엄마가 문제에 압도당하면 아이는 문제를 해결할 수 있는 기회를 잃는다. 아이가 일상에서 난관에 부딪치더라도 그것을 뚫고 지나갈 수 있겠다는 용기를 얻을 기회를 마련해 줘야 한다. 즉 부모가 아이의 행복을 만들어 주는 게 아니라 부모가 행복한 삶을 영위하는 모습을 보며 아이 스스로 행복해지는 법을 배우도록 이끌어 줘야 하는 것이다.

아이는 엄마가 매 순간 표현하는 감정과 일상에서 보이는 태도를 기억할 것이다. 나는 매일 기쁘게 살아가는 내 모습을 아이가 기억해 주면 좋겠다.

"엄마가 행복하니까 나도 매일 행복해요."

아이에게 듣고 싶은 말이기도 하지만 이 말 속에는 사실 나의 소망이 더 크게 담겨 있다.

여기에 한 가지를 더한다면, 내가 가족뿐만 아니라 이웃이 행복해질 수 있도록 돕고 베풀며 살았다는 것을 아이가 기억해 주기를 바라는 것이다. 나 역시도 아이가 나누는 사람이 되기를 바란다.

한번은 아이가 동전을 모아 저금통을 꽉 채웠을 때 인도의 한 가정에 염소를 보낸 적이 있다. 염소 한 마리로 가족이 풍요롭게 살아갈 수 있다는 설명을 들은 아이는 기꺼이 저금통에 들어 있던 동전을 꺼냈다. 그 나누는 기쁨을 잊어버리지 않는다면 언젠가 자기 자신의 쓰임을 깨달을 수 있지 않을까.

하지만 아이가 기억하는 나는 내 기대와 다를 수도 있다. 늦잠을 자고 허둥대며 출근을 준비하는 모습, 퇴근 후 설거지는 미루고 아이와 함께 영화를 보는 모습, 아이의 행동이 남에게 어떻게 비칠지 걱정하며 단속하느라 전전긍긍하는 모습 등을 떠올릴지도 모를 일이다. 이 또한 내 삶의 한 부분이니 인정할 수밖에 없다. 대신 부모의 이런 부족함을 채워 줄 수 있는 세 가지 스승을 아이 곁에 두고 싶다.

첫 번째 스승은 주님이다. 내가 알고 있고 나를 이끄

시는 주님은 사랑이 많으신 분이다. 나는 외로움에 몸서리칠 때 그분에게서 위로받는다. 관계 안에서 풀지 못하는 문제로 힘들어할 때, 내 약점이 드러나 바닥으로 곤두박질칠 때도 그분만은 모든 것을 이해해 주시고 내 모습 그대로 인정해 주신다. 때로는 섬광처럼 반짝이는 지혜를 주시기도 한다. 이렇게 내가 믿고 의지하는 주님을 아이도 알고 그 사랑과 은총을 꼭 경험했으면 좋겠다.

두 번째 스승은 책이다. 나는 관심거리가 생기면 가장 먼저 관련 도서를 찾아본다. 책으로 시작해 강연이나 관련된 사람들을 만나 더 깊이 알아 간다. 덕분에 학교나 학원뿐만 아니라 집이나 커피숍 등 어디서든 공부할 수 있다. 아이에게 아낌없이 선물해 주고 싶은 것은 바로 책과 그 속에 담긴 지혜다.

세 번째 스승은 여행이다. 아는 만큼 보이고 보는 만큼 꿈꾼다고 하니, 나는 아이가 꿈꿀 수 있는 기회를 자주 마련해 주고 싶다. 아이는 그 안에서 스스로 꿈을 찾고 그 꿈을 이룰 수 있는 방법도 터득할 것이다.

나는 아이가 큰 꿈을 꾸기를 바란다. 만약 아이가 안정적인 수입이 보장되거나 돈을 잘 버는 직업을 갖고 싶어 한다면 나는 조금 아쉬울 것 같다. 그 꿈 너머의 꿈을 찾고, 주님이 주신 탈렌트를 자신을 위해서만 쓰지 않고 이웃과 나누며 살기를 바라기 때문이다.

아이는 어른을 자라게 한다. 아이가 내 곁에 오지 않았다면 나는 더 좋은 사람이 되고 싶다는 생각도, 또 내 아이가 살아갈 미래에 대한 생각도 하지 못했을 것이다. 더 열심히 공부하고 치열하게 살지도 않았을 것이다. 이제 정말 진정한 엄마가 되어 가나 보다. 아이가 주는 기쁨과 아이로 인해 생기는 동기 덕분에 오늘을 더 행복하게 살아야겠다고 다짐하게 된다.

"사랑하는 것만으로는 부족합니다. 그들이 사랑받고 있다는 것을 느낄 수 있도록 해 주어야 합니다."(돈 보스코 성인)

이 말씀을 늘 실천하며 살고 싶다. 그래서 아이가 세상에서 자신을 가장 사랑하는 사람이 바로 이 엄마라는 것을 기억해 주었으면 좋겠다.

Part 4

나만의
행복을 찾다

엄마 되기

내 안에는 유쾌하면서도 완고한 것이 있다.
경주가 끝날 때까지 나는 그것에서 벗어나지 않는다.

트루먼 커포티

    엄마가 된 후에도, 나는 아이의 욕구보다 내 욕구에 더 충실하고 싶어 하는 나를 발견했다. 그리고 상처받은 어린 시절의 나를 먼저 돌보고 싶었다. 그런 감정이 솟구칠 때마다 평소 온유하고 순종적인 나는 사라져 버렸다. 누구에게도 내보이고 싶지 않고 나 자신조차 용납할 수 없는 내 모습을 고스란히 지켜봐야 했다. 그

것이 내게는 또 다른 상처가 되었다.

당시 나를 가장 괴롭혔던 것은 엄마 역할을 수행하느라 바뀐 일상 리듬이었다. 내 일상은 전쟁터를 방불케 했다. 아이는 무럭무럭 자랐지만, 나는 그런 하루하루를 반복하는 게 힘들었다. 나의 삶이 나를 위한 것인지 아이를 위한 것인지 분간할 수 없을 지경이었다.

아이는 두 돌이 되자 자기 생각을 좀 더 다양하게 표현할 수 있었다. 하루 종일 엄마와 떨어져 지낸 아이는 나와 만나면 그동안 참았던 욕구들을 한꺼번에 터트리며 이것저것 주문하고 보채기 일쑤였다. 그때 아이의 시중을 들다 보면 딱 한 가지 생각만 들었다.

'어서 아이가 잠들었으면……'

아이 때문에 희생당하는 것 같은 느낌이 조금이라도 들면 참아내기가 힘들었다. 그리고 일하느라 지친 몸으로 육아에서 오는 스트레스마저 받다 보니 가끔 화가 치밀어 올랐다. 그래서 남편과 소소한 다툼을 일으키기도 했다.

직장 생활도 만만치 않았다. 퇴근 시간이 가까워졌는데 새로운 일을 받으면 내일 일찍 출근해서 하겠다고 말하는 게 왠지 자존심이 상했다.

그러다 보니 아이는 어린이집에 다니면서 가장 일찍 등원하고 가장 늦게 하원하는 일이 잦았다. 지금도 잊을 수 없는 건, 일이 늦게 끝나 어린이집으로 헐레벌떡 뛰어가 보니, 선생님과 단둘이 컴컴한 어린이집 복도에 앉아 있던 아이의 모습이다. 지금도 그 모습을 떠올리면 가슴이 아려 온다. 늦어서 미안하다고 하면 오히려 덤덤히 괜찮다고 하는 어른스러운 아이를 보며 더욱 마음이 아팠다.

비교적 정시에 퇴근하려고 노력했는데도 다른 아이들에 비해 하원 시간이 늦을 수밖에 없었던 건, 일하는 엄마의 고충이었다.

아이가 아프기라도 하면 아침마다 망설여졌다. 회사를 쉬고 아이를 돌봐야 할지, 친정어머니한테 봐 달라고 부탁해야 할지, 아니면 어린이집에 그냥 보내야 할지 선택하는 게 나에게는 너무 곤혹스러운 일이었다. 아이가 아플 때마다 일과 아이 중 하나를 선택해야 하는 상황이 괴로웠다. 어린이집에 보냈다가 아이가 아프니 데려가라는 연락이라도 오면 반차를 내야 했다. 그리고 그다음 날은 친정어머니한테 부탁드리는 식으로 하루하루를 겨우겨우 연명해 나갔다.

그때그때마다 대책을 세우느라 전전긍긍해야 하는 내 처지가 안타까웠다. 직장을 그만두고 싶다는 생각을 수없이 했고, 그런 고민을 하지 않아도 되는 남편이 아빠 역할에 소홀한 것 같아 얄밉기도 했다.

지금 와서 돌이켜 보면 주위에서 가사나 육아를 도와줄 수 있는 사람을 찾았더라면 가족 모두 좀 더 수월하게 힘든 시기를 넘겼을 것 같다. 그런데 당시에 나는 남편이 아빠 노릇을 꼭 해 줬으면 좋겠다는 바람이 컸고, 남편이 지금 육아에 참여하지 않으면 영영 아이와 좋은 관계를 맺지 못할 것 같았다. 그런 막연한 걱정에 남편에게 무리한 부탁을 많이 했다.

그러면서 차츰 나와 다른 엄마들을 스스로 비교하며 나의 부족함에 자괴감이 들었다. 연예인들은 출산 후 몇 달 만에 늘씬한 몸으로 방송에 복귀해 일과 육아를 균형 있게 잘 꾸려 나가는 것 같았다. 또한 주변의 다른 엄마들은 아이 먹거리와 교육에 많은 시간을 투자하며 아이들을 똑똑하게 키우는 것만 같았다. 그런데 일터와 가정에서 악전고투하는 나는 늘 부족하게만 느껴졌다. 그러다 보니 아이를 어린이집에 맡기고 출근할 때나 퇴근 후 아이를 데리러 갈 때면 스트레스가 극에 달했다.

집 장만을 위한 대출금 상환, 아이 교육비와 부부의 노후 자금, 그리고 우리 가족의 꿈을 위한 자금 마련, 내가 직장에 다녀야 하는 이유는 분명한데도 몸과 마음은 점점 지쳐 갔다. 도대체 얼마나 더 초조하고 고독하게 매일을 살아 내야 할지 막막하기만 했다.

그러던 어느 날 혼자 성당에 가 보기로 했다. 주일 미사 때는 아이에게 신경 쓰느라 독서나 강론 말씀을 제대로 듣기 어려웠다. 그래서 그날만큼은 누구의 방해도 없이 온전히 홀로 머물고 싶었다. 그러면 힘든 상황을 벗어날 수 있는 좋은 방법이 떠오를 것도 같았다. 아이를 어린이집에 보내기 전부터 나는 벌써 들떠 있었다. 차분히 미사를 드리는 모습을 상상하며 오랜만에 얻은 자유를 헛되이 보내지 않으리라 다짐했다.

기대감에 한껏 부풀어 성당에 갔다. 그러나 십자가를 바라보며 자리를 잡은 순간 아이 얼굴이 아른거리고 미뤄 둔 집안일이 떠올라 마음이 어지러웠다. 감았던 눈을 뜨는 데 30초도 안 걸렸다. 혼자 머무르는 법을 잊은 것처럼 나는 미사가 끝날 때까지 저절로 떠오르는 아이 얼굴을 지우려는 노력 말고는 아무것도 할 수 없었다. 물리적으로 혼자인 시간을 확보하는 것만으로는 불안이나 초조를 잠재울 수 없었던 것이다.

당시에 나는 출산과 육아로 개인적인 시간과 공간이 사라져 버려서 초조함과 불안감을 느낀다고 생각했다. 배 속에 있을 때처럼 여전히 탯줄로 연결된 듯 내 삶에 전반적으로 동참하고 있는 아이가 나를 영영 엄마 노릇만 하도록 속박할 것 같았다. 실제로 엄마가 된 후 내 일과가 아이를 중심으로 돌아가기 시작하면서 아이를 위해서 내가 존재한다는 생각에 몸서리쳤다. 결혼 후 누구의 아내이기보다는 내 이름 석 자로 불리길 바랐던 나는 엄마라는 호칭도 마뜩지 않았다.

반복되는 일상에서 변화를 모색하기란 쉽지 않았다. 직장과 집 어디서도 나는 제자리를 찾지 못했고, 자신감도 점점 떨어졌다. 모든 게 엉망이 되어 갔고 나는 벼랑으로 몰렸다. 결국 한 가지씩 해결해야 했고, 소중한 것을 먼저 챙겨야 했다. 결혼 후 남편의 아내가 되기 위해 한 꺼풀 허물을 벗었던 것처럼, 아이의 엄마가 되기 위해 다시 한 번 진통을 겪어야 했다.

아이가 두 돌을 맞을 때 회사에 육아 휴직을 신청했다. 하루에 한 시간조차 엄마와 제대로 교감하지 못하는 아이를 위해, 그리고 아이가 세 돌이 되기 전에 후회 없이 엄마 노릇을 하고 싶은 나를 위해 어렵게 내린 결정이었다.

아이와 어떻게 하루를 보낼지 난감했다. 하지만 스스로 일정을 짜고 소소한 즐거움을 찾게 되자 초조함과 불안감이 조금씩 사라지기 시작했다. 그러자 아이와의 관계도 점점 좋아지는 걸 느낄 수 있었다.

시간이 많아지니 마음에 여유가 생겨 아이 마음을 잘 읽을 수 있었고, 아이와 공유하는 게 많아지니 내 아이를 더 잘 이해할 수 있었다. 당시 나는 아이의 욕구를 즉각적으로 해소해 주지 않으면 나중에는 요구조차 하지 않게 된다는 것을 항상 머릿속에 떠올리며 민첩하게 행동했다.

결국 그런 노력 덕분에 나는 아이와 건강한 애착 관계를 맺고 신뢰를 쌓을 수 있었다. 비록 수입은 절반 이하로 줄었지만, 소중한 것을 놓치지 않고 충만한 시간을 보내자 처음으로 육아가 즐거웠다. 또 나도 아이를 행복하게 키울 수 있을 거라는 자신감이 생겨났다.

아이가 세 돌이 되기 전까지 주 양육자와 쌓은 애착 경험이 전 생애에 걸쳐 영향을 미친다고 한다. 일하는 엄마로서 이 말이 얼마나 부담스러운지 잘 알고 있다. 법적으로는 출산 휴가나 육아 휴직이 보장되지만 실제로 여성이 직장에 휴직을 당당하게 요구하기란 쉽지 않다.

하지만 나는 엄마들이 '내 아이의 엄마 되기'만큼은 경험했으면 한다. 어질러진 집 안과 쌓여 있는 설거지, 마음 편히 외출하지 못하는 게 모두 아이 때문이라고 여겼던 나는 지난날 아이가 내 삶에 들어온 걸 인정하

지 못했다. 아이는 이미 내 곁에 있었는데 내 시선은 다른 곳을 향해 있었다. 또 아이가 지그재그로 걸을 때 내 시선으로만 바라보며 아이 키우기 참 힘들다고 생각했다. 그저 아이와 손잡고 함께 걸으면 될 일을 고집을 부리는 바람에 나도, 아이도 행복하지 않았던 것이다. 아이와 함께하는 비효율적이고 비이성적인 시간들에 그냥 나를 빠트린 후에야 비로소 새로운 궤도를 발견할 수 있었다.

내 아이를 바라보겠다는 결심 하나면 된다. TV, 스마트폰, 컴퓨터는 끄고 아이 곁에 앉아 아이를 보며 그 관심사를 따라가면 아이를 도울 일들이 보인다. 그때 아이의 욕구를 알아채고 아이의 마음을 읽고 많이 안아 주면 된다. 예전 자신의 방식은 잊어야 한다. 또 내 아이만 보아야 한다. 그래서 아이를 키운다는 건 엄마의 존재 자체가 흔들리는 일인 것 같다.

아이를 낳기 전과 낳은 후는 같을 수가 없다. 한 생명이 오롯이 한 인간으로 자라나는 과정에 동참하며 내가 다시 한 번 자라기 때문이다. 그렇게 엄마가 된다.

나는 행복을 선택한다

대부분 행복하고자 마음먹은 만큼 행복해진다.
에이브러햄 링컨

우리 가족에게 먹구름이 몰려왔다. 가족이 함께 외출했던 여름날 저녁, 남편이 운전하다가 중앙선에 서 있던 사람을 치어 교통사고가 났다. 운전석 옆자리에서 이 모든 것을 목격한 나는 충격과 고통으로 현실을 받아들이기 힘들었다.

다친 사람은 외국인이었고, 남편은 그를 돕기 위해

교회 안에서 외국인 노동자 사목을 담당하는 곳을 찾았다. 그리고 다른 사람들의 도움으로 그의 가족들과 지속적으로 연락하며 지냈다. 넉 달 후, 그는 본국으로 돌아가 치료하기로 했고, 그때까지 남편은 최선을 다해 도왔다.

그 이후로 불행은 계속되었다. 사고가 일어난 지 두 달 후, 시아버님이 갑자기 돌아가셨다. 칠순을 맞이해 가족과 함께 떠나는 여행도 계획하고 있었는데, 가족들의 상실감과 충격은 매우 컸다.

힘든 시간이었다. 육아 휴직 중이었던 나는 집에 혼자 있으면 두려운 생각이 들었다. 그래서 아이를 어린이집에 데려다주고는 되도록이면 사람이 북적이는 곳을 찾아갔다. 그리고 해가 떨어지기 전에 아이를 데려왔다.

주말이면 같은 공간에 있어도 남편은 남편대로 나는 나대로 각자 할 일을 하며 마주하지 않았다. 대화가 줄고 집안 분위기는 침체되어 갔다. 어느 한 사람도 서로를 위로해 줄 수 없는 상태였다.

시간이 갈수록 세상 속에 홀로 서 있는 것 같은 기분이 들었다. 그래서 남편과 상의 후 휴직 기간을 줄여 예정보다 일찍 직장에 복귀했다. 그런데 복귀하고 보니, 휴직 직전에 개편된 조직에 새롭게 적응해야 하는 게 쉽지 않았다. 내가 먼저 동료들에게 다가가고 새로운 일을 신속하게 익히도록 노력해야 했는데 그럴 의욕도 에너지도 없었다.

그때 세 번째 불행이 덮쳤다. 2년 만에 어렵게 가진 둘째 아이를 유산한 것이다. 그 후 남편의 도움으로도 회복할 수 없는 수준의 불안감과 우울감에 빠져들었다. 남편은 내게 도움을 줄 수 없는 자신이 무기력하다고 자책했지만 나는 그저 괜찮다고만 했다.

"난 괜찮아. 여태 이 정도의 우울감은 항상 느끼던 거였는데, 뭐."

"아니야. 산후 우울증을 겪을 때보다 더 심각해 보여. 아무래도 상담을 받아 보는 게 좋겠어."

결국 남편의 권유로 찾아간 회사 내 상담 센터에서 나는 장기 상담이 필요한 상태라는 진단을 받았다. 약물 복용을 병행하면 상태가 좋아진다는 말을 듣는 순간 시간이 멈춰 버린 것 같았다.

'아……. 나 지금 많이 아프구나.'

그동안 나를 돌보지 않아 생긴 병인 것만 같아 나 자신에게 미안한 마음이 들었다.

나는 오래전부터 지난날을 되돌아보고 되짚어 보는 게 유익하다고 생각했다. 되새김질을 하는 게 과거의 잘못된 행동을 고칠 수 있도록 도와주고, 지금보다 더 현명한 삶을 살도록 이끌어 줄 것이라 믿었기 때문이다. 그런 믿음으로 인해 나의 과거를 오랜 시간 돌아봤고, 아주 어렸을 때 있었던 일들까지 들춰 냈다. 그런데 최근 우리 가족을 덮친 불행들을 겪으며 나는 생각의 늪에 더욱더 깊이 빠져들고 말았다.

과거의 내 태도로 상처받았을 가족이나 친구의 얼굴이 떠오를 때면 미안함을 넘어 수치스럽기까지 했다. 그때 다르게 행동했더라면, 그때 이런 말을 건넸더라면, 그렇게 떠오르는 일마다 가지를 뻗어 '만약에 이랬더라면' 하고 시나리오를 쓰게 되자, 결혼 전에 그랬던 것처럼 혼자 있는 시간이 늘어났다. 그리고 사람들과 만나는 게 다시 부담스러워졌다.

그중 가장 고통스러웠던 것은, 어릴 적 가족들에게 이해받지 못했던 사건들이 떠올라 내 자신이 한없이 작아진다는 것이었다. 상처받은 말과 차가운 시선이 다시 떠오를 때면 순식간에 의기소침해졌다. 하던 일도 멈춘 채 그 사건을 끊임없이 반복해서 떠올리며 우울한 기분에 빠져들었다.

그런 기분으로 아이를 바라보면 아이가 부러웠다. 자유롭게 감정을 표현하고, 그것을 받아 주는 존재가 있다는 것에 질투가 났다. 그러면서도 제 아빠에게 꾸중을 들어 울고 있는 아이를 보면 나는 어쩔 줄 몰랐다. 그 모습은 순식간에 아버지에게 혼나던 나의 어릴 적 모습을 떠올리게 했기 때문이다. 그때마다 나는 아이의 두려워하는 마음과 억울한 감정이 고스란히 느껴져 아이 곁에서 따라 울었다.

이제는 모두 떨쳐 버린 줄 알았는데 다시 우울한 상태에 갇혀 버린 것이다. 늘 긴장되고 초조했다. 힘든 사건들을 잊고 현재에 충실해야 하는데, 마음을 다잡는 게 혼자서는 어려웠다. 그런 상태는 상당히 오랫동안 지속되었다.

처음에는 우울증이라는 것을 인정하고 싶지 않았다. 우울한 기분에서 빠져나오는 게 얼마나 힘든 일인지, 또 언제 회복될지 가늠할 수도 없다는 걸 잘 알았기 때문이다. 한편으로는 마음먹기만 하면 기분이 좋아져 씩씩하게 살 수도 있을 것 같았다. 하지만 결심과는 다르게 시도 때도 없이 눈물이 터져 나왔고, 어떤 희망도 떠오르지 않았다. 삶에서 어떤 의미도 찾을 수 없었다.

약에 대한 의존도가 높아지지는 않을지 걱정되기도 했지만, 최대한 짧은 시간에 일과 가정에서 제자리를 찾자는 목표를 세웠다. 기간을 정해 두면 나를 몰아세우지 않을까 싶었지만 일단 나 자신을 믿어 보기로 했다. 내가 움직이지 않으면 그 누구도 대신 풀어 줄 수 없는 문제라는 것을 알았기 때문이다.

적극적으로 치료를 받았다. 의사가 권하는 대로 일주일에 세 번씩 수영을 배웠고, 햇볕 쬐는 시간을 늘리려고 눈부셔도 창가에 앉으려고 노력했다. 책장에 쌓아 두기만 했던 책을 꺼내 읽었고 나와 아이의 성장 과정을 매일 블로그에 기록했다. 또 작곡 공부를 하며 그동안 놓아 두었던 음악에 대한 열정을 되살렸다.

때로는 아이와 단둘이 놀이공원에서 시간을 보내기도 하고 음악을 크게 틀어 놓고 춤을 추기도 했다. 이런

나의 모습을 한 번도 본 적이 없는 남편은 낯설어하면서도 재미있어 했다. 그러면서 나는 아이처럼 현재를 살고 싶다는 생각을 하게 되었다. 그래서 내가 아이의 나이가 되어 사랑과 인정을 받는 모습을 자주 그려 보았다. 그리고 주님께 간청했다. 지금의 이 힘든 시기를 벗어날 수 있는 방법을 찾게 해 달라고. 사람이든 책이든 이 상황을 극복할 수 있는 한 가지 방법이라도 찾으면 다시 제대로 살아갈 수 있을 것 같았다.

그러다 행복에 관한 책을 읽게 되었다. 책에는 임상 실험을 통해 우울증을 치료한 방법과 사례들이 실려 있었다. 그중 지나온 과거를 되풀이해서 생각하는 걸 중단하라는 조언이 도움이 되었다. 이 메시지를 통해 오랜 시간 나를 힘들게 한 것은 바로 나 자신이었음을 알게 되었다. 그동안 나를 우울의 늪에서 허우적거리게 만든 괴물의 실체를 깨달았던 것이다.

그때부터 나는 과거에 빠지려고 할 때마다 하던 일을 멈추고 새롭게 몰입할 수 있는 일을 시작했다. 아니면 정적인 분위기에서 빠져나와 사람들이 많은 곳을 찾아가는 것만으로도 효과적이었다. 언젠가는 필요할 줄 알고 창고에 쌓아 두었던 잡동사니가 사실은 쓰레기였다는 것을 깨닫고 그것들을 한꺼번에 내다 버리자 개운하기까지 했다. 가장 중요한 것은 '인식하고 바로 중단하는 것'이었다.

이렇게 의식을 전환하려는 노력만으로도 기분이 가

라앉는 걸 막을 수 있다는 것을 발견하자 내 상태는 빠른 속도로 좋아졌다. 그 후 약 복용을 중단했다. 그리고 평상심을 유지하면서 그동안 미뤄 두었던 일들을 하나둘 해내자, 그 성취감을 발판 삼아 기운을 낼 수 있었다.

만약 인생의 여정에서 또 넘어진다면 나는 어떻게 될까? 아마 그렇더라도 나는 또다시 일어설 것이다. 내 안에는 행복의 씨앗이 있기 때문이다.

마음 공부

지혜란 무엇을 간과해야 하는지를 아는 기술.

윌리엄 제임스

"가방 좀 치워 주세요."

커피숍에서 글을 쓰고 있을 때였다. 한 여성이 내 옆에 놓인 의자를 빼며 내게 가방을 치워 달라고 했다. 마침 반대편에 공간이 있어서 가방을 순순히 옮기긴 했지만 이내 머릿속이 복잡해졌다.

'왜 하필 내 옆자리에 앉을까? 어떻게 그런 말을 쉽

게 하지? 경우 없는 사람이네.'

내 팔에 그녀의 스마트폰에서 울리는 진동이 간간히 전해졌다. 얼른 다른 곳으로 가 버렸으면 좋겠다고 생각했다. 그러자 예전에 있었던 일이 떠올랐다.

어느 날 피트니스 센터에서 기구를 이용해 운동하고 있을 때였다. 갑자기 중년의 한 여성이 다가오더니 기구를 언제까지 사용할 거냐며 물었다. 운동하면서 그런 말은 들은 건 처음이라 조금 어리둥절해하며 나도 모르게 그 사람 얼굴을 빤히 쳐다봤다.

다른 사람이 쓰고 있으면 다른 기구로 먼저 운동하고 자리가 비었을 때 이용했던 나로서는 그런 태도가 이해되지 않았다. 자신이 운동하겠으니 얼른 비키라는 말인가? 순간 그 사람이 허락도 없이 내 공간에 들어왔다는 사실에 불쾌해졌다.

두 사건의 공통점이 무엇인지, 내가 왜 불편해하는지 근본적인 이유가 궁금했다. 한편으로는 상대방의 무례한 태도 때문에 기분이 나빠졌다는 것에 화가 났다. 외부적인 요인으로 기분이 좌지우지될 만큼 내 그릇이 작아 보였기 때문이다. 그러나 곰곰이 생각해 봐도 기분이 나빠진 이유의 실마리조차 찾을 수 없었다. 결국 상담 의사의 의견을 들어보기로 했다. 그러자 의사 선생님은 내가 침범을 당했다고 느꼈을 때 지키고 싶은 게 무엇이었는지를 생각해 보라고 했다.

내가 지키고 싶었던 보물이 뭔지 깨닫기까지는 오래 걸리지 않았다. 바로 이기적이고 배려할 줄 모르는 사람이라는 오해를 받고 싶지 않은 마음이었다. 그리고 상담하며 내가 그런 생각을 하게 된 계기를 두 가지 찾아낼 수 있었다.

하나는 어렸을 때 성당 친구들한테서 받은 쪽지였다. 내가 착하고 공부도 잘한다는 칭찬으로 시작했지만 아무데서나 나대지 말라는 내용의 글이었다. 그전까지는 친구들의 그런 생각을 전혀 눈치채지 못했기에 나에게는 충격적인 사건이었다. 그 후로는 말수를 줄이고 친한 친구 한 명과만 어울렸다.

다른 하나는 가족들과 있었던 일이다. 어느 날 친척 어르신이 어머니께 "집에 이거 없지?" 하시며 찬합을 선물해 주셨다. 어머니는 요긴하게 잘 쓰겠다며 고마워하셨다. 그런데 며칠 전 비슷하게 생긴 찬합을 집에서 본 나는 그 자리에서 큰 소리로 그 사실을 폭로하고 말았다.

"우리 집에 이거랑 비슷한 거 있잖아."

그 순간 사람들 사이에 정적이 흘렀다. 그리고 집으로 돌아오는 길에 아버지는 나지막한 목소리로 나를 타이르셨다. 선물해 주는 사람의 기분을 배려해서 때로는 거짓말을 해야 할 때도 있다고.

그때부터였나 보다. 나는 사람들을 관찰하고 분위기를 살피기 시작했다. 의도치 않게 상대방의 마음을 불편하게 하거나 상처 주지 않으려고 정보를 모으고 몸

가짐을 조심했다. 그렇게 주의를 기울였는데도 나만 생각하고 배려할 줄 모른다는 말을 들으면 억울하고 서러웠다.

문제는 여기서 끝나지 않았다. 가족들을 나와 동일시해 그들을 조정하려 한 것이다. 모임에서 남편 옆구리나 허벅지를 찌르며 쓸데없는 소리 하지 말라고 경고하기도 하고, 남편이 사람들 앞에 나서는 것을 막아서기도 했다. 아이가 공공장소에서 뛰어다니기라도 하면 나는 즉시 이성을 잃었다.

"뛰지 마! 가만히 좀 있으라고!"

짜증 섞인 목소리로 큰소리치고 나서야 내가 '아내' 또는 '엄마'의 선을 넘어섰다는 사실을 깨달았다. 하지만 상대방 심기를 불편하게 할 것 같은 말을 하는 남편이나 천방지축 뛰어다니며 떠드는 아이를 보고 있으면 나는 가슴이 조마조마해지면서 나도 모르게 감시자가 되어 버렸다.

그날도 그랬다. 아파트 주차장에 차를 세우고 아이와 택배를 찾으러 경비실로 향했다. 차가 자주 다니는 곳이어서 사방팔방 뛰어다니는 아이를 겨우 붙잡아 경비실 앞에 다다랐는데, 아저씨 한 분이 쌓여 있는 택배 상자를 한참 동안 뒤적거리고 있었다. 그분이 문 앞을 가로막고 있어 나는 경비실 안으로 들어갈 수 없었다. 그 사이 아이는 내 손을 뿌리치고 경비실 주변을 뛰어다녔다.

이미 신경이 곤두선 나는 아이에게 차 조심하라고 크게 소리쳤다. 아저씨는 여전히 경비실에서 나오지 않았다. 나는 얼른 택배를 찾아서 아이를 데리고 집에 가야겠다는 생각에 "잠시만요." 하고 말을 걸었다. 그분은 나를 힐끔 한 번 쳐다보더니 자리를 비켜 주었다.

그런데 택배 물품이 적힌 장부에서 내 이름을 아무리 봐도 찾을 수가 없었다. 택배 기사가 여기에 분명히 맡겨 둔다고 했는데 이상했다. 그 순간 화가 치밀어 올랐다. 이제 아이뿐만 아니라 그 아저씨와 나 자신한테까지 짜증이 나기 시작했다.

그때 택배 기사 한 분이 오더니 경비실 안에 물건을 던져 놓고 장부를 적으려고 하고 있었다. 그런데 그 택배 기사가 던져 놓은 비닐봉지를 보니 우리 집 주소가 커다랗게 적혀 있는 게 아닌가. 나는 그것을 잽싸게 들고나와 술래잡기라도 하는 듯 즐거워 보이는 아이의 손을 거칠게 잡고 엘리베이터 앞까지 끌고 갔다.

그런데 그때 갑자기 아이가 104호 문을 쾅쾅 두드렸다. 나는 깜짝 놀라 아이를 혼냈다. 얼른 집에 들어가 자유로워지고 싶은 마음뿐이었다. 그러고는 엘리베이터에 올라 13층 버튼을 누르는 순간, 아까 경비실에서 택배를 찾던 그 아저씨가 성큼성큼 걸어오더니 4층 버튼을 눌렀다.

나는 마냥 즐거워하는 아이를 째려보며 집에 가기만 해 봐라 벼르고 있는데, 그 아저씨의 시선이 느껴졌다. 갑자기 얼굴이 화끈거렸다. 내가 화를 내는 대상이 그분인지, 아이인지 아니면 나 자신인지 분명하게 알 수 없었다.

그분이 4층에서 내리자마자 나는 아이 머리에 꿀밤을 먹였다. 그리고 집에 도착해 손을 들고 서 있게 한 다음 잘못한 것을 말해 보라고 했다. 그러자 아이는 남의 집 현관문을 두드린 것을 잘못했다고 말했다.

"왜 두드렸어? 어? 남의 집 문을 왜 두드려?"

"뭐하고 있는지 궁금해서……."

갑자기 말문이 막혔다. 그리고 힘이 잔뜩 들어갔던 몸이 축 처졌다. 가끔 아이가 다른 집에서 아이 목소리가 들리거나 하면 누구냐고 물었기에 아이의 궁금증이 이해되었다. 이참에 우리 가족과 낯선 이에 대해서 설명해 줘야겠다는 생각이 들었다.

"누가 우리 집 문을 두드리면 문을 열어 줘야 돼, 아니면 열어 주면 안 돼?"

"열어 줘야 돼."

아이의 말에 나는 아무에게나 문을 열어 주면 안 된다고 주의를 주고 아무 일 없었다는 듯 아이를 풀어 주었다. 하지만 내 마음은 여전히 풀리지 않고 무거웠다.

'그 아저씨가 나를 쳐다봤을 때 왜 그렇게 얼굴이 화끈거렸을까? 화가 났다면 누구에게 화가 났고 부끄러웠다면 왜 부끄러운 생각이 들었을까?'

먼저 아이의 행동을 떠올려 보았다. 뛰어다니며 놀

고 싶은 아이의 욕망은 자연스러운 것이다. 오히려 아이의 안전을 염려해 내 곁에 똑바로 세워 두려 한 것이 욕심이라고 여겨졌다. 차라리 택배 물건을 신속하게 찾을 수 없는 경우라면 가까운 놀이터에서 아이와 놀다가 한가할 때 다시 찾으러 가도 되었을 것이다.

그리고 내 마음을 들여다보았다. 아이와 함께일 때면 나는 언제나 신경이 곤두서 있었다. 혹시 아이가 뛰어다니다가 행인과 부딪치는 건 아닌지, 떠들어서 주변 사람들을 불편하게 하는 건 아닌지 매 순간 걱정되었다. 밖에 나가서 아이를 따라다니며 통제하다 보면 얼른 집으로 돌아가고 싶어졌다.

다음으로 그 아저씨를 떠올려 보았다. 분명 찾는 물건이 안 보여서 경비실을 서성거렸을 것이다. 한참 물건을 찾고 있는데 내가 비켜 달라고 해서 순간 놀랐을 것이다. 또 아이를 윽박지르며 혼내는 내 모습을 보고 아이에게 함부로 대한다는 인상을 받았을지도 모른다. 이렇게 찬찬히 생각해 보니 여전히 누군가의 눈에 비친 내 모습을 의식하고 신경 쓰고 있다는 걸 알 수 있었다.

그랬다. 어릴 적 경험이 내 몸 어딘가에 새겨져 일상에서 반사적으로 튀어나왔다. 과거의 경험은 바꿀 수도 지울 수도 없다. 그렇다면 내가 할 수 있는 일은 내 안에 그러한 내가 있다는 것을 알고 인정하는 것이다. 당혹감이 들면 당혹감이 드는 대로, 화가 나면 화가 나는 대로 마음의 움직임을 바라보는 것, 그런 부끄럽고 초라한 모습도 나의 일부임을 고백할 수 있다면 지금보다는 한 발짝 더 나아갈 수 있지 않을까.

치유의 글쓰기

> 치유의 과정에는 마음속에 퍼지는 울림이 필요한데,
> 글쓰기는 당신의 영혼 깊숙한 곳까지
> 그런 울림을 전해 줄 것이다.
>
> 셰퍼드 코미나스

    글을 쓰는 게 처음으로 멋있어 보였던 것은 영화 〈흐르는 강물처럼〉을 봤을 때였다. 주인공의 아버지가 아들을 학교에 보내지 않고 글쓰기를 가르치는 장면이 무척 인상 깊었다.

    영화에서 아버지는 아들에게 종이 한 장 분량의 글을 쓰라고 한다. 아들이 그것을 아버지에게 가져가면

분량을 반으로 줄여서 다시 써 오라고 한다. 그렇게 계속 반으로 줄여 쓰다 마지막에 한 문장만 남으면 아들은 놀러 나갈 수 있었다. 그것으로 교육이 충분하다고 생각하는 아버지가 있다는 게 놀라웠다. 정말 글쓰기 하나만 알아도 세상을 살아갈 수 있을지 생각하느라 며칠 동안 설레었다.

그 후로 오랫동안 글쓰기에 대한 생각은 잊고 살았다. 평범한 공대생에게 글을 쓸 수 있는 기회는 별로 없었다. 그러다 글쓰기에 다시금 관심이 생긴 계기는 결혼 초 남편과 가족 사명서를 작성하면서였다. 우리는 가족의 발자취를 엮어 가서전을 내 보자는 계획을 세웠다. 추억을 기록하고 그것을 아이에게 물려주면 좋을 것 같았다.

하지만 한 번도 글을 써 본 적이 없는 우리가 그 꿈을 이루기란 불가능해 보였다. 짧은 독후감을 쓰거나 기행문을 쓰는 것조차 쉽지 않은데, 우리 가족의 발자취를 글로 표현하는 일은 더욱더 어렵게 느껴졌기 때문이다.

처음 가족에 관한 이야기를 쓰기 시작한 것은 약혼자주말 봉사 때부터였다. 결혼을 준비한 과정과 결혼 후 노력한 부분들을 적어 보니 가족의 역사가 한눈에 들어왔다. 한 권의 책으로 만들면 바로 가서전이 될 것 같았다. 그러나 당장 할 수 있는 일은 아니었다. 아무런 준비가 되어 있지 않았던 우리는 가서전을 엮는 일을 먼 미래에 할 수 있는 일이라고만 여겼다.

우리는 매년 새해를 맞으면 가족 사명서를 확인해 그 해의 계획을 세우는데, 그중 가장 어려워 보이는 일이 바로 가서전 쓰기였다. 가장 시간이 많이 들고 그만큼 실현할 가능성이 적은 꿈처럼 여겨졌다.

그러다 남편의 적극적인 응원에 힘입어 시작한 '치유와 코칭 백일 글쓰기' 과정을 통해 가서전 쓰기에 조금씩 자신감이 생겼다.

'치유와 코칭 백일 글쓰기'는 자신의 이름이 붙은 온라인 게시판에 100일 동안 100개의 주제에 맞춰 글을 쓰고 일주일에 한 권씩 책 서평을 올리는 프로그램이다. 이 과정을 통해 자신의 내면을 검색하는 기회를 얻을 수 있는 동시에 글을 쓰는 능력도 기를 수 있다. 무엇보다 이 과정만의 특징은 함께하는 동기들이 있다는 것이다.

빨리 가려면 혼자서 가고 멀리 가려면 여럿이 함께 가라는 말이 있다. 이 글쓰기 과정을 통해 나는 이 말에 깊이 공감할 수 있었다. 꺼내 놓기 어려운 주제를 받으면 글을 어떻게 시작해야 할지 난감했지만 동기들의 글이 하나씩 올라오는 것을 보며 용기를 내어 내 이야기를 쓸 수 있었다. 글 쓸 시간을 내기 어려울 때도 동기들을 떠올리며 100일 동안 하루도 빼놓지 않고 내 방의 불을 밝힐 수 있었다.

'치유와 코칭 백일 글쓰기'를 통해 얻은 가장 값진 경

험은 내 삶을 진솔하게 글로 담아 낼 수 있게 된 것이다. 20대부터 50대까지 다양한 연령층으로 구성된 동기들이 100일 동안 아낌없이 꺼내 놓은 삶의 이야기에 공감하는 사이, 나는 누구나 자기의 삶에 최선을 다하며 살아가고 있고 그 존재 자체로서 존경받아야 한다는 것을 깊이 깨달았다. 그러면서 나의 가장 아픈 구석을 내놓아도 거리낌이 없게 되었다.

과정을 마치고 5년간 매주 칼럼을 쓰며 독자들과 소통했던 일도 내 인생에서 빼놓을 수 없는 귀중한 경험이다. 처음에는 독자들을 위해 쓰는 것 같았지만, 지나고 보니 나를 위한 것이었다. 칼럼을 통해 우리 가족의 삶을 꾸준히 기록할 수 있었고, 그 덕분에 가서전을 쓰겠다는 꿈에 한 걸음 다가서게 되었기 때문이다.

만약 내가 이 글쓰기 과정을 만나지 못했다면, 나는 여전히 내가 만든 틀에 갇혀 그 껍질을 깨려는 노력조차 하지 못하고 살아갈 것이다. 한 단계 도약하고 싶어도 그 방법을 알지 못한 채 말이다. 글을 쓰면서 내 꿈에 날개를 달 수 있었고 꿈을 이룰 수 있다는 희망도 품을 수 있었다.

성장하는 삶을 꿈꾼다면 자신이 꿈꾸던 것을 찾아 문을 두드려 보면 어떨까. 꿈을 이룰 수 있는 기회를 얻게 될 것이다.

서른여덟, 진짜 꿈을 꾸다

나를 위해 마음대로 쓸 수 있는 시간을 늘려라.
자유 시간의 깊이와 면적, 그것이 삶의 품질이다.

구본형

10년 전 출근 첫날이었다. 기분이 묘했다. 두 달간의 신입 사원 연수를 마치고 사무실로 처음 출근하는 날이었다. 그때는 부모님 댁에서 회사 통근 버스를 타고 출퇴근을 했다. 새벽 5시에 일어나서 출근 준비를 하고 6시쯤 버스 정류장으로 향했다. 버스에 올라 자리 잡고 앉았는데 차창 밖 낯선 풍경들이 눈에 들어왔다. 곧 풍

경만큼이나 낯선 모습을 발견했다. 통근 버스가 정류장에 서면 직원들이 버스에 올라 일사분란하게 빈자리를 찾아 앉은 후, 익숙한 듯 등받이에 기대 잠을 청하는 모습이었다. 선배들의 모습이 바로 내 모습일 거라고 생각하자 한숨이 가늘게 나왔다.

'1년 후, 5년 후 아니 10년 후에도 이럴까?'

합격을 축하한다는 문자 메시지를 받고 나서, 성공을 꿈꾸며 달려온 그동안의 시간을 보상받은 것처럼 뿌듯했다. 부모님도 나를 자랑스러워하셨다. 그러나 취업에 성공했다는 성취감에 한껏 도취되어 있어야 할 때, '이번에는 이 길인가?' 하며 마치 누군가 길을 정해준 것처럼 따라 걸어가는 내 모습에 행복하지만은 않았다.

그때는 이 기분의 정체가 무엇인지 몰랐다. 사회로 나가는 관문을 성공적으로 통과한 것 같은데 마냥 기쁘지만은 않으니 이상하다는 생각만 들었다. 또 취업하기 힘든 시대에 일의 종류나 일터의 환경을 운운하는 태도는 무척 사치스럽게 여겨졌다. 그래서 그런 생각은 일부러 머리에서 쫓아내고 열심히 일해 부모님에게 효도하고 멋진 커리어 우먼이 되자고 다짐했다.

그러나 결혼하고 출산과 육아를 겪으며 일과 가정이 모두 삐걱거리기 시작했다. 아이는 엄마의 손길을 원했고, 회사는 직원이 더 많이 일하기를 바랐다. 난 어느 쪽도 만족시킬 수가 없었고, 매일 자괴감에 빠져 힘들었다. 답답한 마음에 가까운 사람들에게 물어봐도 다들 버티라고만 했다. 남편이 생활비를 주지 못하는 상황도 한몫했다. 아이와 나를 위해 회사를 그만두자니 세 식구가 굶겠고, 회사를 계속 다니자니 매일 괴로웠다. 진퇴양난이었다. 선택할 수 있는 게 없었다.

"진짜 자신의 꿈을 이뤘을 때, '아, 이제 시작이구나!' 합니다. 하지만 남이 심어 준 꿈을 이뤘을 때는 '이뤘다. 끝이구나.' 하는 마음이 듭니다."

철학 박사 강신주 씨의 '다상담' 강연에서 이 말을 듣고서야 출근 첫날 느꼈던 감정이 무엇인지 알게 되었다. 그리고 부모님의 기대에 부응하는 착한 딸이 되려고, 남편과 약속한 것을 지키는 의리 있는 아내가 되려고 스스로 속박하는 삶을 살고 있었음을 인정하게 되었다. 그러자 마음이 한결 가벼워졌다.

당시 나는 자꾸 움츠러드는 모습에서 벗어나고자 회사에서 할 수 있는 일을 찾아 하나씩 해 나갔다. 카운슬링 교육을 수료한 후 동료들과 대화 시간을 늘려 갔고, 어린이집 부모 대표와 사내 여성 커뮤니티 운영자가 되었다. 또한 사내 게시판에 칼럼을 올릴 수 있는 기회도 얻었다. 그리고 주말 시간을 이용해 독서 지도사 자격증을 땄다. 그렇게 나는 사람들과 관계를 맺고 좋아하는 일을 하며 자신감을 얻고 조금씩 치유되었다.

자신감이 생기자 마침내 일터에서의 태도와 삶을 대하는 태도를 확실히 분리해서 생각할 수 있었다. 오랜

방황의 끝이 보이는 순간이었다. 좀 더 일찍 깨닫고 인정했다면 힘든 시간이 줄었을까.

대학원에 다닐 때 만성적인 등 통증 때문에 진료를 받으러 병원에 간 적이 있다. 의사는 약은 일시적인 처방일 뿐이라며 당분간 팔을 쓰지 않아야 치료된다고 했다. 그때 나는 그럴 수 없다고 단호히 말했다. 그러자 내가 몸을 돌보지 않고 공부만 하는 학생으로 보였는지 그 의사가 갑자기 인생 선배로서 조언해 주고 싶다며 말을 꺼냈다.

"젊었을 땐 나도 성공을 꿈꿨어요. 그런데 결혼하고 아이 낳고 키우다 보니까 꿈이 바뀌더라고요. 지금은 그게 다인 것 같아도 그것 말고도 할 일이 얼마나 많은데요."

당시에는 그 의사가 꿈을 포기한 것처럼 보였다. 그래서 나는 속으로 절대 현실과 타협하지 않고 끈기 있

게 노력해서 반드시 꿈을 이루고야 말겠다고 결심했다. 그러나 꿈이 변한다는 그 의사의 말을, 그 나이가 되어 보니 이해할 수 있었다. 결혼해서 가정을 꾸려 보니 혼자의 성공은 큰 의미가 없어졌다.

모아 놓은 돈이 많은 것도 아닌데 꿈 타령을 하는 내가 철없어 보일지도 모르겠다. 생활비를 벌어야 하는 냉혹한 현실은 외면한 채 꿈을 좇고 있으니 말이다. 그러나 주인 자리를 남에게 내어 주고 사는 삶이 얼마나 무기력해지는지 경험해 보았기에 내가 선택할 수 없는 삶은 더 이상 살고 싶지 않다. 살아도 죽은 것 같은 그 순간들로 다시는 돌아가고 싶지 않다.

이제 '진짜 내 꿈'을 꾸는 여정에서 좋아하는 일들로 채운 하루를 매일 선물받는다. 아이와 함께 책 읽으며 깔깔대기, 우리 가족의 이야기가 담긴 글쓰기, 가슴을 파고드는 깨달음을 주는 글귀에 줄 치며 책 읽기, 가족과 함께 뒷동산에 오르기, 식구들에게 집밥 해 주기 등 좋아하는 일들은 멀리 있지도 거창하지도 않다.

그 덕분에 아이가 어릴 때부터 스스로 꿈을 찾을 수 있도록 도울 수도 있게 되었다. 내 감정을 알아차리지 못해 힘들었던 순간들이 있어서 아이에게 감정 코칭이 얼마나 중요한지 깨달을 수 있었다. 그리고 남의 꿈을 이루느라 멀리 돌아온 경험이 있어서 아이의 강점을 찾아 주려고 노력할 수 있었다.

  이렇게 좋아하는 일들을 하다 보면 떠오르는 일들이 있다. 동화 작가 되어 보기, 도서관에서 책 읽어 주기, 아이들의 꿈 찾아 주기 등이다. 내가 지닌 탈렌트를 나누며 살고 싶다는 나의 소망을 이룰 수 있는 일들이다. 상상만으로도 행복해지는 꿈, 더욱더 많이 꾸고 싶다.

Part 5

가족,
꿈과 가치를
공유하다

함께 꿈꾸기 위한 시작

가족은 모두 함께 사랑하고, 도와주고,
희망하고, 지원하는 장이어야 합니다.
프란치스코 교황

가족이 모두 꿈을 공유하고 함께 꿈을 꾼다는 것은 멋진 일이다. 그러나 꿈과 꿈이 만나 하나의 꿈이 되기란 생각만큼 쉽지 않다. 같은 꿈을 꾸려면 먼저 부부가 성장을 꿈꿔야 한다. 그리고 각자의 꿈을 세운 뒤 대등한 관계에서 인생의 동반자로 마주해야 한다.

만약 각자의 꿈을 세우지 못한 채로 부부가 공동의

꿈을 만들려고 하면 이미 꿈을 세운 배우자를 기준으로 계획을 세울 수밖에 없다. 그렇게 정해진 기준에 따라 살기 시작하면 상대 배우자는 영영 자신의 꿈을 찾을 수 없게 될지도 모른다. 오랜 시간 가족이 걸어왔던 궤도를 바꾸기 위해서는 시간과 비용이 소요되기 때문이다. 최악의 경우 이미 들어선 길을 수정할 수 없는 상황에 맞닥뜨릴 수도 있다.

아이를 낳고 100일간의 출산 휴가 후, 나는 일터로 돌아갔다. 당시에는 남편이 생활비를 보탤 수 없어 내 월급만으로 살림을 꾸려 가야 했다.

간혹 그에게 이직을 권하긴 했지만, 마음속으로는 그가 간절히 하고 싶어 하는 일이라면 기회를 주고 싶었다. 그가 삶의 마지막 순간에 '가족을 위해' 또는 '가족 때문에' 포기한 일로 후회하지 않기를 바랐다.

하지만 아이 돌보기에 지치신 친정어머니의 눈치를

매일 살피고, 밤마다 계속 자다 깨다를 반복하는 아이를 달래느라 내 몸과 마음은 지쳐 갔다. 무엇보다 그 상황을 극복할 수 있는 방법이 전혀 없다는 사실에 기운이 빠졌다.

친정어머니와 약속했던 시간이 지나자 아이를 성당 어린이집에 보냈고, 그렇게 친정살이를 마칠 수 있었다. 아이를 어린이집에 데려다주고 데려오는 일이 쉽지는 않았지만 세 식구가 한 집에 모여 산다는 사실만으로도 감사했다. 이때의 경험을 통해 우리는 가족의 소중함을 깨달았다. 또한 가족은 같은 꿈을 향해 함께 성장할 수 있는 방법을 찾는 공동체라는 사실을 가슴 깊이 깨닫게 되었다.

가족 구성원 모두 각자 바라는 대로 성장하려면 균형을 이뤄야 한다. 배우자나 아이의 성장을 돕는 데 소홀하면서 자기 계발에만 힘쓰거나, 자신의 꿈을 찾는 노력을 미루고 배우자와 아이들이 꿈을 찾아가는 길만

돕는다면 언젠가는 위기가 찾아올 것이다.

서로의 꿈을 알기 위해 가장 먼저 해야 할 일은 대화를 나누는 것이다. 하지만 우리 역시 여느 맞벌이 가정처럼 마주 앉을 시간이 별로 없었다. 퇴근해서 집에 돌아오는 시간이 각자 다르고, 또 아이를 재우다가 내가 먼저 잠들 때가 많았기 때문이다. 아이를 재운 뒤 남편을 기다리기도 했지만 둘 다 다음 날 일찍 출근해야 해서 오랫동안 대화를 나누기는 힘들었다.

그래서 일주일에 하루를 가정의 날로 정했다. 이날만큼은 함께 저녁을 먹고 그날이 주말이면 산책하며 대화를 나누었다. 이때 즐거운 이야기만 오가는 것은 아니었다. 그래도 멈추지 않고 서로의 생각을 알기 위해 노력했다. 그러자 조금씩 신뢰가 쌓여 나중에는 어떤 주제든 거리낌 없이 대화할 수 있었다. 부부 사이에 아무리 사소해도 해결하지 않으면 찜찜한 주제들을 한 번씩은 다뤘다.

신혼 때는 주말에 대형마트에 같이 가서 장을 봤다. 나는 남편이 같이 가면 무거운 짐을 들어 주어 좋았는데, 남편은 그 시간을 힘들어했다. 주말에 사람이 붐비는 대형마트에서 두세 시간씩 장을 보고 오면 녹초가 되어 버렸기 때문이다.

반면 나는 평일보다 주말에 장 보는 게 더 좋았다. 평일에는 시간이 빠듯하고 장 본 것을 혼자 집까지 들고 오기도 힘들었다. 우리는 장 보는 일로 서로 배려해 달라고 옥신각신했다. 그러다가 대화를 나눠 본 후에야 남편이 장 보는 시간을 아껴 다른 일을 함께하고 싶어 한다는 걸 알게 되었다. 때마침 집 가까운 곳에 마트가 생겼고 그때그때 필요한 식료품과 생필품을 그곳에서 구입해 자연스레 문제가 해결되었다.

스마트폰이 대중적이지 않을 때 일이다. 남편은 일정을 편리하게 관리할 수 있다며 스마트폰을 장만하겠다고 했다. 나는 비싼 금액에 놀라 정말 필요하냐고 다짜고짜 따져 물었다. 기존의 방법으로도 충분히 일정을 관리할 수 있는데 고가의 휴대 전화를 구입하겠다는 남편을 도무지 이해할 수 없었다.

하지만 남편은 자신의 용돈으로라도 구입할 테니 신경 쓰지 말라고 엄포를 놓았다. 나는 대출금 상환을 조기에 끝내려고 노력하는데 남편은 돈 쓸 궁리만 하는 것 같아 화가 났다. 며칠 후에 그는 기어코 스마트폰을 구입하고는 나에게 보여 주면서 이런저런 기능을 설명했다. 하지만 나는 모른 척했다. 내 나름의 소심한 복수였다고나 할까.

맞벌이를 하다 보니 가사 분담에 대한 이야기도 빠뜨릴 수 없는 주제였다. 매번 집안일을 누가 더 많이 하는지 핏대를 세우며 심각하게 대화했다. 돌이켜보면 집 안을 깔끔하게 정리하고 싶은 바람 때문에 상처 주는 말들을 서로 많이 했던 것 같다.

남편이 혼자 영화 보는 것도 여러 번 거론되었던 대화 주제다. 내가 아이를 재우는 동안 그가 건넛방에서 혼자 영화 보는 게 싫었다. 내게만 육아를 떠넘기는 것 같았기 때문이다. 밤 늦도록 영화를 보고 주말 오전에는 늦잠을 자느라 아이와 놀아 주지 않는 것도 문제였다. 그런데 그보다 대화 시간이 부족하다면서도 함께 집에 있는 그 시간을 영화 보는 데 쓰는 그를 납득할 수 없었다.

이성적으로는 그가 스트레스를 풀기 위해 영화를 보

는 거라고 생각해 이해할 수 있었다. 그러나 그가 나가고 나면 홀로 남겨진 것 같아 외로웠다. 그런 속마음을 감추고 무턱대고 영화를 보지 말라고 하니 다툼이 일어날 수밖에 없었다.

부부 사이에도 거절당할까 봐 혹은 막상 이야기를 나눠 봤지만 서로 양보할 수 없어서 더 이상 대화하기 싫을 때가 분명히 있을 것이다. 그러나 부부가 성장하려면 서로 마음의 문을 열어야 하고, 그러려면 대화를 나누어야 한다. 생각과 마음을 표현하지 않으면 가족이라고 하더라도 알아 줄 수 없다.

사람들은 때때로 우리 부부가 사는 이야기를 들으면 "두 분 성격이 비슷한가 봐요."라고 말한다. 성격이 비슷해서 갈등 없이 문제를 해결해 나가는 것처럼 보이는가 보다. 그러나 조용히 한 가지 일에 몰두하고 추진력이 있는 나와, 사람을 좋아하고 즐거운 것을 찾아다니는 남편은 서로 다른 매력에 빠졌다. 그러니 성격이

맞서서 노를 한 방향으로 저은 것은 아니다.

이제 우리 부부는 완전한 둘이면서도 하나의 목표를 향해 갈 수 있게 되었다. 자신의 강점과 약점을 파악하고 오롯이 혼자 설 수 있는 힘을 기른 후에 상대방을 이해하는 기회를 가졌기 때문이고, 또 서로의 가치관과 꿈을 일치시켜 하나의 꿈을 완성했기 때문이다.

지금도 우리는 노를 젓는 방식이 서로 다르다. 각자 편한 방식으로 원하는 횟수만큼 노를 젓는다. 그러나 목표를 향해 나아갈 때 수시로 대화하면서 방향을 조정하기에 우리는 같은 곳을 바라보며 나아갈 수 있다.

꿈과 꿈이 만나다

계획 없는 목표는 한낱 꿈에 불과하다.
앙투안 드 생텍쥐페리

하버드대와 예일대 교육위원회는 학생들이 삶의 목표를 글로 적어 구체화하는 것이 목표 실현에 어느 정도 영향을 미치는지 알아보는 연구를 했다. 그리고 실험에 참가했던 학생들의 재산 총액을 22년 후에 조사했다. 그러자 삶의 목표를 글로 적은 3퍼센트 학생들의 재산 총액이 나머지 졸업생 전체의 재산보다 더 많았다고 한다. 돈이 성공의 척도는 아니지만 이 연구를 통해 자신의 목표를 글로 적을 수 있는 사람은 분명 그것을 실현할 가능성이 더 높다는 사실을 알 수 있다.

나는 이 연구가 목표를 글로 적었을 때 실현 가능성이 커진다는 이야기만은 아니라고 생각한다. 어쩌면 3퍼센트의 학생들은 당시에 구체적이고 뚜렷한 꿈을 갖고 있었기 때문에 그것을 글로 적을 수 있었을지도 모른다.

대학생 시절, 책을 읽다가 '사명서'라는 것을 알았다. 처음에는 '사명'을 하느님이 나를 이 세상에 보내신 이유, 즉 소명과 연결해서 생각했다. 소명을 분별하겠다며 일부러 피정을 다녀오고 열심히 기도해 보기도 했다. 그러나 몇 년을 고민해도 해답을 얻을 수 없었다.

돌이켜보면 기도 중에 하느님의 목소리가 들리기만 하면 그대로 따르겠다는 의존적인 마음이 내 안에 있었던 것 같다. 그리고 마음 한편으로는 사람들 앞에서 자랑할 만한 것을 찾고 싶기도 했다. 그러다 소명을 찾는 게 쉽지 않다고 여길 때쯤 인간관계에서 이루고 싶은 것을 먼저 정리해 보자는 생각이 들었다.

- 아내 : 믿음과 사랑 안에서 성가정을 이루고 인생을 즐기는 동반자가 된다.
- 엄마 : 아이가 비전을 갖고 행복한 삶을 영위할 수 있도록 역할 모델이 된다.
- 자녀, 친척 : 부모님께 효도하고, 경조사에 참석해서 기쁨과 슬픔을 나눈다.
- 친구, 직장 동료 : 서로 관심을 가지고 도우며 맡은 바 책임을 다한다.
- 기타 : 봉사, 후원을 통해 행복한 느낌을 교류하고 나의 탈렌트를 나눈다.

작게만 느껴졌던 내가 여러 관계 안에서 맡은 역할이 있다는 것을 깨닫자 기뻤다. 이것을 글로 적어 매주 한 번 이상 읽다 보면 소식이 뜸했던 이들이 떠올랐고 그들과 연락하면서 관계가 더욱 돈독해짐을 느낄 수 있었다.

여기에 더해 내가 어떤 것을 선택하는 순간, 결정을 내리는 기준이 되는 가치관을 정의해 보았다.

1. 신앙
- 나는 창조주 하느님을 믿으며, 그분의 계획하심에 순종한다.
- 성가정을 이룬다.

2. 감사
- 내가 누리고 있는 축복을 되새기며, 어려움 속에서도 배울 점을 찾는다.
- 경험을 쌓기 위한 기회를 만들고 주도적으로 임한다.

3. 봉사

- 탈렌트를 소중히 여기고, 나와 이웃에게 도움이 되도록 사용한다.

4. 초연

- 하루 중 반드시 나를 위한 시간을 마련하고 자유롭게 사용하되 소중한 것을 먼저 한다.
- 주변의 상황에 흔들리지 않고 나의 비전과 가치관에 따라 산다.

5. 관용

- 사람을 있는 그대로 받아들인다.
- 바꿀 수 없는 것은 너그럽게 받아들인다.

이렇게 나의 역할과 삶의 기준들을 정리해 보니, '나는 하느님께 선물로 받은 게 참 많구나. 거저 받았으니 이제는 나누고 베풀어야겠구나.'라는 생각이 들었다. 바로 오랫동안 알고 싶었던 내 소명을 깨달은 것이다.

신혼 시절, 남편은 남편대로 나는 나대로 각자의 소명을 식별했다. 그러고 나서 가족 사명서를 작성했다. 결혼 생활을 준비하며 약혼자주말을 수강했고, 부부 사명서를 만드는 세미나에도 참석했다. 그곳에서 한목소리로 전해 준 메시지는 바로 부부가 일치를 이루어 한 방향으로 나아가야 결혼 생활을 행복하게 영위할 수 있다는 것이었다.

우리는 그 일환으로 가족 사명서를 만들었다. 물론 단기간에 끝나지는 않았다. 우리는 시간이 날 때마다 우리 부부가 꿈꾸고 있는 것은 무엇인지 이야기했고, 그렇게 해서 드디어 가족 사명서가 완성되었다.

1. 성가정

우리 부부는 성모 마리아와 성 요셉 가정처럼 성가

정을 이루어 나간다. 신앙을 기둥으로 삼아 서로 사랑하고 이해하며 서로의 의견을 존중한다. 어떠한 상황에서도 신뢰하고 고통과 역경 속에서도 인내하며 서로 의지한다.

실천 사항
가족 기도 시간 갖기, 성경 읽기, 가족 회의, 역할 분담, 성사 활동

2. 세계 여행

우리 부부는 주님이 지으신 아름다운 세계를 감상하고 견문을 넓히기 위해 가족 구성원 모두와 함께 여행을 다닌다. 세계 여행 중에 생기는 역경과 고난을 인내하고 모두 힘을 합해 이겨 낼 것이다. 또한 여행을 다닐 때 서로의 의견을 존중하고 서로 배려하며 가족애를 더욱 돈독히 한다.

> **실천 사항**
> 세계 여행, 전국 여행, 성지 순례, 외국어 공부, 나라별 문화 공부, 인명 구조

3. 문화 활동

우리 부부는 가족의 일치와 화합을 위해 서로의 재능을 살려 악기 연주나 미술 전시회를 함께 다닐 것이다. 또한 이러한 과정 속에서 가족애를 느끼고 조화를 배우며 우리 가족만의 문화를 창조한다.

> **실천 사항**
> 종합 예술 공연(음악, 미술, 댄스, 마술 등) 활동, 오케스트라 악기 연주, 국악 연주, 밴드 활동, 미술 전시회, 마술 공연 관람

4. 구호 사업

우리 부부는 주님이 우리에게 베풀어 주신 것처럼 전 세계에 도움이 필요한 이웃에게 사랑을 나누는 데 최선을 다할 것이며, 모든 사람이 행복해지도록 노력한다.

> **실천 사항**
> 자매결연, NGO 활동, 고아원·양로원 정기 방문 및 봉사, 청소년 종합 문화 센터 건립 및 운영

5. 가서전

우리 가족은 성가정의 모델이 되어 모든 성가정의 귀감이 될 수 있는 업적을 이루도록 노력하며, 우리 가족의 발자취를 기록해 가서전으로 출간한다.

> **실천 사항**
> 세계 여행기, 가족 홈페이지 운영, 가족의 연간 10대 뉴스 선정, 육아 · 자녀 교육 일지, 가족 앨범

이제 우리 가족은 방향성을 갖게 되었다. 인생의 그 어느 때라도 우리는 이 다섯 가지 꿈을 향해 걷고 있을 것이다. 어느 한쪽에 치우치지 않고 이 꿈을 향해 한 걸음 다가가는 삶의 기쁨은 그 무엇에도 비교할 수 없을 만큼 클 것이다.

나는 꿈 이야기를 듣는 게 좋다. 가슴에 품은 꿈은 결국 그 사람을 이끌어 주는 힘을 발휘할 수 있기 때문이다. 그래서 아무리 허황된 꿈이라도 나는 상대방의 꿈 이야기를 진지하게 듣고, 마치 다 이룬 것처럼 상대방을 바라보곤 한다.

남편과 아내, 아이들의 꿈 이야기를 들어 보고 가족이 모두 공감하는 꿈을 구체적인 그림으로 그려 보면

어떨까. 그러면 가족을 하나로 연결해 주는 고리를 찾을 수 있을 것이다.

꿈을 향한 우리 가족의 발자취

나는 성공할 때까지 기다릴 수 없어서 그 일을 했다.

조너선 윈터스

꿈꾸는 대로 살아가려면 어떻게 해야 할까? 내가 알고 있는 방법은 하나다. 바로 그 꿈을 최종 목표로 삼아 실천할 수 있는 계획을 매년, 매달, 매일 단위로 정해 하나씩 달성해 나가는 것이다. 이 방법은 단순해서 누구나 할 수 있지만 성실함이 없다면 한 걸음도 앞으로 나아갈 수 없는 방법이기도 하다.

어떤 이들은 인생을 계획대로 사는 것이 가능한지 궁금해한다. 그것은 우리를 계획하신 분만 알 수 있을 것이다. 우리는 그저 하루를 열심히 살아갈 뿐이다.

최선을 다해 열심히 사는 건 좋지만, 그렇다고 가족과 회사가 원하는 일만 하다가 삶을 마감하고 싶지는 않다. 그래서 꿈을 이루기 위해 주도적으로 계획을 세우고 그것을 이루어 가려고 최선을 다하는 것이다.

생각해 보면 매일매일 노력 없이 이룬 것은 없다. 또한 매일 노력하다 보면 그 과정에서 얻는 기쁨이 목적을 이뤘을 때 얻는 것만큼 크거나 혹은 더 큰 것을 경험할 때가 있다.

우리 가족은 꿈이 생긴 후, 매년 그 다섯 가지 꿈을 이루는 데 초점을 맞춰 새해 계획을 세운다. 이때 아이 눈높이에 맞춰 계획을 짜려고 노력한다.

잠자리에 들기 전 가족이 모여 기도 시간을 가지는

것은, 우리가 바라는 성가정을 이루기 위한 첫걸음이다. 아이가 자라 십자 성호를 긋고 말을 할 줄 알게 되면서 우리는 둥그렇게 모여 앉아 기도를 하기 시작했다.

처음에는 아빠, 엄마, 아이 순서로 기도했는데 한번은 아이가 "나는 엄마, 아빠처럼 길게 못하는데……." 하며 길게 기도하는 것을 부담스러워했다. 그래서 고안해 낸 방법이 엄마와 아빠가 한 문장으로만 기도하는 것이었다.

"주님, 오늘 지훈이와 즐겁게 놀 수 있게 해 주셔서 감사합니다."

"주님, 지훈이 아빠의 감기가 빨리 나을 수 있도록 도와주세요."

아이가 알아들을

수 있는 단어들로 된 한 문장 기도를 하자, 이불 속에 숨어 있기만 하던 아이가 자신감에 가득 찬 표정으로 엄마 곁에 앉았다.

"주님, 오늘 로봇 갖고 놀 수 있게 해 주셔서 감사합니다."

두 손을 모으고 기도하는 아이를 보고 있으면 주님의 뜻에 맞갖게 양육하고 있다는 생각에 가슴이 벅차오르는 것을 느끼곤 한다.

우리 가족의 두 번째 꿈은 세계 여행이다. 실은 10년 후의 가족 세계 여행을 준비하면서도 나는 그것이 두렵다. 낯선 언어를 사용하는 나라에서 입에 맞지 않는 음식을 먹으며 고된 행군을 해야 하는 것은 아닐지, 덥거나 추운 기후에 지치지는 않을지, 깨끗하지 않고 불편하기까지 할 잠자리에서 잠을 잘 수 있을지 등 여러 상황을 떠올리게 된다. 그러다 보면 나는 집을 지키고 남편과 아이만 여행을 다녀오라고 할까 심각하게 고민하게 된다. 가끔은 10년 사이에 세계 여행을 갈 수 없는 일이 생기기를 바랄 때도 있다.

재미있는 것은 세계 여행을 위해 10년 동안 준비할 것들이 반드시 그 여행만을 위한 것은 아니라는 점이다. 우리 가족이 갈고 닦은 능력은 여러 곳에 유용하게 사용할 수 있을 것이다.

예를 들어, 외국어 실력을 키워 우리나라를 여행하는 외국인들에게 통역을 해 줄 수 있고, 또 세계 여러 나라의 문화와 역사 공부는 아이의 학업뿐만 아니라 남편과 내가 세계를 이해하는 데도 도움이 된다. 그러니 목표를 세우고 그것을 달성하는 과정 자체를 즐기면 되는 것이다.

세계 여행은 10년 후에 이뤄질 꿈이지만, 우리는 꿈을 미래로 미뤄 두지만은 않고 연휴나 주말을 이용해 여행을 한다.

신혼 시절 지리산 종주를 할 때 난생처음 비박(Biwak, 텐트 없이 하는 야영)을 하며 남편과 침낭에 누워 별을 봤던 날이 아직도 생생하게 떠오른다. 여름인데도 밤이 깊어질수록 온도가 내려가 춥기도 했지만, 그래도 새로운 경험을 한다는 즐거움에 마냥 신이 났었다.

그 후 아이와 함께 여행하게 되면서부터는 주로 아이 위주로 여행지를 정했다.

아이가 생후 11개월 때 우리 가족은 베트남으로 첫 해외 여행을 갔다. 다른 가족과 함께 가이드의 안내로 2박 3일 여행을 했다. 이때 경험으로 아이가 어릴 때는 무리한 일정을 소화해야 하는 관광지보다는 편안한 휴양지가 더 낫다는 걸 알게 되었다.

"여행을 가야겠어."

내가 오만상을 찌푸리며 말끝마다 짜증을 부릴 때면 남편은 여행을 가자고 했다. 남편이 어질러진 방을 청소하고 한두 시간 정도 아이와 둘이 나가서 놀다 오는 성의를 보이기만 해도 답답한 내 가슴이 뻥 뚫릴 것 같은데 거창하게 여행이라니. 그래서 이러저러한 집안일을 도와주면 기분이 나아질 것 같다고 해도 남편은 단호했다.

"여행을 가야 풀려."

"짜증나는 이유가 눈앞에 있는데 뭐하러 여행을 가. 여행 갔다 오면 집안일을 누가 해 준대?"

"이유가 그게 아니니깐 그렇지."

"그럼 뭔데?"

"우린 대화가 필요해."

대화가 필요해서 여행을 가자는 남자. 대화는 집에서도 가능하지 않냐고 묻자 그동안 여행을 하며 나눈 대화가 깊이가 있고 양질의 것이었노라는 대답이 돌아왔다. 그러고 보니 목적지로 이동하는 사이에 아이는 항상 좋아하는 이야기 CD를 듣느라 여념이 없었고 남편과 나는 둘에게만 집중해서 대화를 나눴던 것이 떠올랐다.

함께 결정해야 하는 사항인데 얼굴 마주하기 어려워 미뤄 두었던 것들을 하나씩 결정하기도 했고, 아이의 성장에 따른 변화를 공유하기도 했다. 또한 여러 관계 안에서 새롭게 깨달은 점을 이야기하며 지인들의 안부를 나누기도 했다. 때로는 계획한 대로 살고 있는지 점검하고 더 노력해야 하는 부분과 그만둬야 할 것들을 밝혀 내기도 했다.

이렇듯 대화의 장을 만들어 준다는 점이 바로 우리 부부가 느낀 여행의 첫 번째 매력이었다.

여행을 통해 평소에 아내이자 엄마인 내게 집중되어 있던 관계가 부부 그리고 부모와 아이의 관계로 확장되는 경험을 한다는 점도 여행의 매력이라 할 수 있다.

집이라는 공간에서는 아이와 남편이 내 지시에 따라 움직이는 형국이라면 여행지에서는 남편과 내가 합의해서 결정된 사항에 따라 가족이 움직이게 된다. 그렇기 때문에 아이는 평상시에 함께하는 시간이 상대적으로 적은 아빠와의 관계가 돈독해진다.

여행이 주는 또 한 가지 매력은 제 몸으로 부딪혀 경험함으로써 사람과 자연으로부터 깨달음과 감동을 얻을 수 있다는 것이다. 높다란 하늘, 작은 풀꽃들 그리고 사람들의 움직임, 익숙해서 보이지 않는 것들이 낯선 여행지에서는 눈동자를 가득 메우곤 한다. 그 속에는 존재의 경이로움과 만물에 대한 연민이 공존한다.

우리 가족의 세 번째 꿈은 문화 활동을 하는 것이다. 비전이 있으면 취미 생활을 하고 싶다는 막연한 생각이 구체적으로 변모한다. 남편은 사물놀이를 배워서 성당에서 풍물패를 창단했고, 노래 동호회 활동도 꾸준히 하고 있다. 우리 가족 모두 공연할 수 있을 정도로 실력을 갖춰 봉사하는 것을 꿈꾸고 있기 때문이다.

나는 그동안 해금을 배웠고 화실을 다니며 그림을 배웠다. 세계 여행을 하며 건축물과 풍경 등을 내 느낌을 살려 그려 보고 싶은 소망이 있어서다. 남편과 내가 바쁜 일상 중에도 시간을 내어 취미 활동하는 것을 보면 정말 좋아하는 일이기에 가능한 것이라는 생각이 든다.

우리 가족의 네 번째 꿈인 '사랑 나누기'. 사실 노래와 악기 연주로 봉사하고 싶은 꿈도 있지만, 아직은 실력이 안 되고 아이가 어려서 실천하지 못하고 있다. 그 대신 해외 아동과 결연을 맺어 매달 금전적으로 후원하고, 약혼자주말 봉사 부부를 양성하는 활동을 하고 있다. 앞으로 아이가 자라고 우리 가족의 연주 실력이 늘어 공연으로 이웃에게 기쁨을 주는 날이 오기를 고대하고 있다.

우리 가족의 마지막 꿈은 가족의 역사를 기록한 가

서전을 쓰는 것이다. 이 꿈을 이루기 위해 아이가 태어난 해부터 글을 쓰기 시작했다. 우리 가족의 경험을 다른 이들과 공유하면 좋겠다는 생각에서 출발했지만 아이에게 부모의 발자취를 남겨 줄 수 있다는 점에서도 끌렸다.

우리 가족의 다섯 가지 꿈은 매년 새해 계획에 반영되고 연말에 10대 가족 뉴스를 선정하면서 그 발자취가 여실히 드러난다. 우리 가족에게 이 작업은 이제 하나의 문화로 자리 잡아 연말이면 으레 한 해를 돌아보고 새해 계획을 세운다. 몇 년 동안 그 과정을 반복하다 보니, 지난날을 돌아보는 일은 내일을 살기 위한 것임을 알게 되었다. 과거에 내가 했던 일로 지금의 내가 있고, 지금 내가 하는 일로 미래의 내가 결정된다는 당연한 진실을 다시금 마주하게 된다.

매일 또는 매주 계획만 세우다 보면 단기간에 쌓을

수 있는 능력만 키우고, 그 시간 동안 할 수 있는 일만 하며 살게 될 것이다. 그러면 전체를 보지 못할 수도 있다. 또한 단기간의 계획을 달성한 뒤에는 이와 전혀 관련 없는 새로운 욕망이 생겨 다른 길을 걷고 싶어질 수도 있다. 그러나 비전이 있는 삶은 나침반을 들고 항해하는 것과 같다. 우리 가족은 가계 자금을 운용하거나 집을 장만할 때나 아이 교육 기관을 정할 때처럼 집안의 대소사를 결정하는 경우, 가족 사명서와 각자의 사명서 기준에 부합하는 안을 선택한다.

그렇다고 꿈을 이루기 위한 노력 때문에 힘들거나 제재를 받는 듯한 느낌이 들지는 않는다. 그 꿈은 분명히 우리 부부가 함께 이루어 가자고 결정한 것이기 때문이다. 오히려 한 방향으로 걸을 수 있도록 이끌어 주기 때문에 꿈과 관련 없는 욕망들을 분별하는 기준이 된다.

내 삶에서 가장 소중한 가족과 함께 꿈을 꿀 수 있어

나는 행복하다. 긴 호흡으로 온 마음을 다해 살고 싶다.

가장 소중한 것을 가슴에 새기고 머리로 계획하며 손과 발로 실천하는 삶. 그것이 바로 하느님께 돌아가야 할 하느님의 사람이 세상을 사는 법이 아닐까.

꿈꾸는 부부들에게

당신 말씀은 제 발에 등불, 저의 길에 빛입니다.

시편 119,105

"내 신조 알지? 할까 말까 망설여질 때는 무조건 하는 거야! 해 봐!"

이리저리 재느라 결정을 내리지 못하고 있을 때면 남편은 확신하는 어조로 내가 선택한 길을 가 보라고 말했다. 자신이 없었다. 혹여 남의 이목을 끈다거나 일을 그르쳐 후회하는 일이 생기지는 않을지 걱정도 되었다.

하지만 걱정되고 두려운 대상에 대해 남편에게 꺼내 놓고 보니 기우에 불과했다는 것을 깨닫게 되었다. 그리고 결국 두려움을 떨치고 도전장을 내밀 수 있었다.

처음 만났을 때부터 그는 내 이야기에 귀 기울여 주는 사람이었다. 그는 나의 전 생애를 이해하며 밑바닥에 깔린 두려움까지 어루만지는 통찰력과 배려심을 보여 주었다. 그러니 지금껏 그의 조언은 일방적이지 않았고 치우친 적도 없었다.

아침마다 눈 뜨면 손에 받아든 하루를 어떻게 살아 낼지 고민하던 때에 그는 내게 새로운 삶을 선물해 주었다. 나를 바라봐 주는 그가 있는 덕분에 관계 속에서 나를 보게 되었다. 부족하고 부끄러운 모습을 스스로 인정하게 되기까지 10여 년이 걸렸다. 그가 보듬어 준 시간이다.

요즘은 행복해지기 위해 소소하게 노력했던 일들을 그 앞에서 즐겁게 꺼내 놓는다.

"사무실 내 자리에 프리지어를 꽂아 뒀어. 향기가 좋

더라. 옆자리 동료가 자기도 맡고 싶다고 책상 경계선 가까이에 놓아 달래는 거 있지. 웃기지?"

"오후 세 시에 간식 타임을 가져. 회사 안에 엄청 맛있는 과자 파는 커피숍이 있거든. 그거 먹으러 꾸러기들이랑 다녀왔어."

맞은편에 앉아 "당신 요즘 행복해 보여." 하며 살짝 미소를 지어 주는 그가 있기에 더욱 행복하다.

지금은 6개월 후, 1년 후, 그리고 10년 후의 내 모습이 기대된다. 분명히 그 시간이 흐른 뒤에는 꿈에 한 걸음 더 다가가 있을 것이라는 확신이 있기 때문이다. 나 혼자였다면 꿈꾸지 못했을 것이다. 하지만 둘이기에 가능했고 또 셋이기에 가능했다.

지금 이 순간도 우리는 매일 사랑하기로 결심함으로써 어려운 시간을 이겨 내고 있다. 서로 사랑의 언어로 대화하고, 각자가 지금 꿈꾸는 있는 삶은 어떤 것인지

공유하면서 살아가고 있다.

  나는 어느 가족이나 꿈을 꿀 수 있다고 믿는다. 이상과 현실의 괴리가 느껴지거나 아직 발견하지 못했다고 해도 분명 각자의 가슴에 꿈 하나씩은 품고 있을 것이다. 용기를 내어 배우자와 마주 앉아 각자의 꿈을 이야기하고 서로의 가치관에 대해 들려주면 어떨까?

  서로의 모습이 닮을 수도 있고 완전히 다를 수도 있다. 같다면 일치를 이루기가 훨씬 쉬울 것이다. 하지만 다르다고 해도 포기하지 말고 지속적으로 가치관과 우선순위에 대해 서로 이야기를 나누어야 한다. 일치를 이루어 가는 과정이 바로 우리의 삶이니까 말이다.

부부가 함께 꾸는 꿈을 만들고 각자의 가치관을 바탕으로 새롭게 공유하는 가치관을 만들어 보는 것도 좋을 것이다. 두 사람의 노력은 분명 가족의 미래를 바꿀 것이다. 기쁨과 슬픔, 걱정과 두려움을 가장 먼저 나눌 수 있는 가족이 있는 사람이 세상에서 가장 행복한 사람이 아닐까?

아름다운 꿈을 지녀라.
그리하면 때 묻은 오늘의 현실이 순화되고 정화될 수 있다.
먼 꿈을 바라보며
하루하루 그 마음에 끼는 때를 씻어 나가는 것이 곧 생활이다.
아니 그것이 생활을 헤쳐 나가는 힘이다.
이것이야말로 나의 싸움이며 기쁨이다.

— 라이너 마리아 릴케

에필로그

사도로 파견되어

    부부가 함께 꾸는 꿈을 찾았다면 주위를 한번 둘러보면 어떨까? 그러다 보면 꿈을 향해 성실히 달려가는 가족을 만날 수 있다. 내 한 몸 건사하기 힘든 이 시대에는 내 가족이 편안하게 사는 게 행복일 수 있다. 바쁜 일상 속에서 이웃을 돌아볼 여유를 찾기 힘든 게 사실이지만 우리는 그리스도인으로서 세상에 파견된 사도라 할 수 있다. 프란치스코 교황님의 말씀대로, 우리는 너무도 가까이에 존재해서 순간순간 우리의 삶에 파고드는 물질주의의 유혹에 맞서 싸울 소신을 지녀야 한다.

10년 후, 30평대 아파트와 외제차를 가진 모습, 아니면 공동체에 가족의 사랑을 나누고 그들과 함께 성장하는 모습, 우리 가족이 원하는 건 무엇일까?

우리는 종종 선택해야 하는 순간에 맞닥뜨린다. 둘 중 하나가 좋아 보여서 고르기로 결정한 게 선택은 아니다. 그냥 좋은 것을 취한 것뿐이다. 두 가지 경우의 장점과 단점을 파악하고, 그 단점까지 끌어안고 가겠다는 결심이 섰을 때 비로소 선택이라고 부를 수 있다.

우리 가족은 후자를 선택했고 기꺼이 그 결정을 최우선으로 시간과 노력을 다하려고 한다.

우리 부부는 결혼 후부터 약혼자주말 봉사를 하고 있다. 봉사라고 하면 나눈다는 뜻이 담겨 있는데, 오히려 이 활동을 통해 사랑을 받고 있으니 봉사라고 하면서도 겸연스럽다. 신혼일 때는 약혼자주말 프로그램을 진행하며 우리의 결혼 생활을 나눴는데, 현재는 봉사자들을 양성하는 임무를 맡고 있다.

반 년 정도의 양성 과정 동안 우리 부부와 양성 부부는 서로의 삶을 공유한다. 아프거나 슬프거나 쑥스러운 일이라도 용기를 내어 꺼내 놓으며 작아지는 연습을 한다. 그렇게 양성을 받은 봉사 부부들은 본인들이 수강했던 2박 3일의 약혼자주말 프로그램에 참여해 우리가 그들에게 뿌렸던 씨앗을 다시금 약혼자들에게 뿌린다.

예비 부부나 신혼부부에게 약혼자주말을 권하고 싶다. 오늘의 결심이 배우자와의 결혼 생활을 재발견할 수 있도록 이끌어 줄 것이다.

지금까지 밝힌 우리 부부의 결혼 생활 이야기가 독자의 가정에 조금이라도 도움이 되기를 바란다. 새롭게 깨달은 점이 있다면 좋겠고, 반대로 우리 부부와는 다른 삶을 살겠다고 결심했다고 해도 좋다. 그런 변화는 분명 부부를 성장시킬 것이기 때문이다.

부록

부록 1

● 가정을 위한 기도 1

○ 마리아와 요셉에게 순종하시며
　가정생활을 거룩하게 하신 예수님,
　저희 가정을 거룩하게 하시고
　저희가 성가정을 본받아
　주님의 뜻을 따라 살게 하소서.
● 가정생활의 자랑이며 모범이신
　성모 마리아와 성 요셉,
　저희 집안을 위하여 빌어 주시어
　모든 가족이 건강하고 행복하게 하시며
　언제나 주님을 섬기고 이웃을 사랑하며 살다가
　주님의 은총으로 영원한 천상 가정에 들게 하소서.
◎ 아멘.

❤ 가정을 위한 기도 2

○ 사랑이요 생명이신 하느님 아버지,
　세상의 모든 가정은 당신의 성삼에서 비롯되었나이다.
● 여인에게서 태어나신 성자 예수 그리스도를 통하여
　거룩한 사랑의 샘이신 성령의 도움으로
　모든 가정이
　생명과 사랑의 보금자리가 되게 하소서.
○ 부부들의 생각과 행위를 당신의 은총으로 이끄시어
　모든 가정의 선익에 이바지하게 하소서.
● 자녀들은 가정에서 자신들의 존엄성을 깨닫고
　진리와 사랑으로 성숙하게 하소서.
○ 저희 가정이 겪는 모든 어려움을
　혼인성사의 은총으로 극복하게 하소서.
● 나자렛 성가정의 전구를 통하여 가정이 성화되고
　가정을 통하여 세상이 성화되게 하소서.
○ 길이요 진리요 생명이신
　우리 주 그리스도를 통하여 비나이다.
◎ 아멘.

● 부모를 위한 기도

○ 인자하신 하느님,
  하느님께서는 부모를 사랑하고 공경하며
  그 은덕에 감사하라 하셨으니
  저희가 효성을 다하여 부모를 섬기겠나이다.
● 저희 부모는 저희를 낳아 기르며
  갖은 어려움을 기쁘게 이겨 냈으니
  이제는 그 보람을 느끼며
  편히 지내게 하소서.
○ 주님, 저희 부모에게 강복하시고
  은총으로 지켜 주시며
  마침내 영원한 행복을 누리게 하소서.
  우리 주 그리스도를 통하여 비나이다.
◎ 아멘.

❤ 자녀를 위한 기도

○ 세상을 창조하신 하느님,
　하느님께서는 저희에게 귀한 자녀를 주시어
　창조를 이어 가게 하셨으니
　주님의 사랑으로 자녀를 길러
　주님의 영광을 드러내게 하소서.
● 주님, 사랑하는 저희 자녀를
　은총으로 보호하시어
　세상 부패에 물들지 않게 하시며
　온갖 악의 유혹을 물리치고
　예수님을 본받아
　주님의 뜻을 이루는 일꾼이 되게 하소서.
　우리 주 그리스도를 통하여 비나이다.
◎ 아멘.

부록 2

성가정을 이루기 위해 아내로, 남편으로, 혹은 부부가 함께, 또는 어머니로서나 아버지로서의 역할을 다하기 위한 프로그램이 각 교구별로 다양하게 진행되고 있다. 다음은 현재 서울대교구에서 진행되는 프로그램으로, 각 교구별 프로그램은 해당 교구 홈페이지에서 확인할 수 있다.

1. 서울대교구 혼인 교리

혼인 교리는 가정을 꾸리려는 젊은이들에게 가정의 진정한 의미를 전달하고, 하느님께서 마련해 주신 가정이 생명의 터전이고 사랑의 보금자리인 것을 깨닫게 한다. 또한 젊은이들이 자녀 출산을 건강하게 할 수 있도록 도와준다. 그리하여 새로 나는 가정이 성가정으로 발전할 수 있도록 이끌어 준다.

- 대상: 혼인을 앞둔 예비부부
- 일정: 지구마다 다름(구체적인 월별 일정은 가정사목부 홈페이지 참조)
- 장소: 각 지구별로 명동 성당을 비롯해 서울 19개 본당에서 진행 중
- 신청 방법: 현장 접수
- 홈페이지: www.ihome.or.kr

2. 약혼자주말

약혼자주말은 혼인을 앞둔 예비부부 혹은 혼인한 지 1년 미만의 신혼부부가 건강하고 행복한 혼인 생활을 해 나갈 수 있도록 돕는 2박 3일 프로그램이다.

신부님 한 분과 부부 두 쌍으로 구성된 발표팀이 혼인의 의미와 혼인 생활에 대한 자신들의 체험을 발표한다. 참가자들은 대화를 통해 혼인의 진정한 의미를 깨닫고 관계 속에서의 성장을 직접 체험하게 된다. 이러한 과정을 통해 혼인을 준비하고, 신혼 생활을 해 나가는 과정에서 서로가 주고받았던 상처를 치

유하여 더 큰 사랑을 이루어 갈 수 있도록 도와준다.

- 대상: 예비부부나 결혼 1년 미만 신혼부부
- 일정: 매월 1~2회(자세한 일정은 약혼자주말 홈페이지 참조)
- 장소: 신길동 살레시오회 관구관
- 신청 방법: 홈페이지에서 신청서를 작성하고 입금하면 신청 완료(인터넷으로만 가능, 차수 시작 3개월 전에 접수 시작)
- 홈페이지: www.ceekorea.or.kr

3. 희망으로 가는 길

낙태로 인해 정신적·육체적·영적으로 괴로움과 죄책감을 안고 살아가는 사람들에게 자기 자신과 더불어 하느님과 화해하고 영적 치유의 길로 나아가도록 도와주는 프로그램이다.

- 대상: 낙태의 상처로 고통받는 분들
- 일정: 매월 둘째 화요일 13시 30분 ~ 16시 30분

- 장소: 서울대교구청 별관 6층 소성당
- 신청 방법: 사전 접수 없이 참여 가능

4. 말씀 안에 성가정

'상담'과 '성경 가훈'을 통해 그리스도인 가정의 성화를 돕고, 하느님의 말씀에서 가족들이 힘을 얻을 수 있는 프로그램이다.

- 대상
  - 가족과의 원활한 소통을 원하시는 분
  - 자신의 내면을 깊이 성찰하길 원하시는 분
  - 마음속 상처를 치유하길 원하시는 분
  - 성경 말씀의 가훈으로 축복받는 가정을 원하시는 분
- 각 본당에서 주관(신청 본당에 봉사자 파견)

5. 아버지 여정

서울대교구 사목국 가정사목부에서 개발한 가톨릭 고유의 아버지 역할 재정립 프로그램이다. 멋진 아버지가 되기 위한 조건은 무엇인지, 가족들과 효과적으로 의사소통하는 방법은 무엇인지, 21세기 현대 사회가 요구하는 아버지가 되기 위한 구체적인 방법은 무엇인지 등을 재미있게 배울 수 있다.

- 대상: 모든 연령대 아버지(비신자 참여 가능)
- 각 본당에서 주관(신청 본당에 봉사자 파견)
- 홈페이지: cafe.daum.net/fatherinlove